예능, 유혹의 기술

이승한 李昇翰 著　張琪惠 譯

讀取
時代欲望的企劃力
韓國娛樂產業的企劃術&說服技巧

中文版序

給度過相似歲月的我們

今日韓國的電影院裡也常有華文電影上映，但與我小時候經歷過的華文影視威力不可同日而語。

當時，每逢各大節慶的日子，主宰整條韓國電影街的都是成龍和李連杰的電影，我的親戚學小馬哥周潤發穿了好幾年的雙排釦風衣，鄰居姊姊們哼唱的是歌詞意思不明的劉德華或張國榮的歌曲。懂電影的人，彼此會較量看過張藝謀、陳凱歌、陳果、蔡明亮、侯孝賢、楊德昌的哪幾部片。家裡有裝衛星電視的有錢人家的孩子，會炫耀自己的家可以看 MTV 頻道，想表現自己如何放蕩不羈的，會炫耀我家有 Channel V。

就連我，一個看韓國綜藝寫評論已有十年歷史的人，如今看到韓流文化在華人圈受到廣大喜愛還是有些彆扭。在我的潛意識裡，華人圈依然是韓國「進口」文化內容的地方，不是出口地。如今連韓國的綜藝也出口了，當聽到我的書要推出中文版時，我的心情就像是當初追隨「英雄本

色」裡的張國榮的小男孩，為了收看《包青天》加快回家腳步的少年，收集湯唯照片的青年。我的書要出中文版的這件事仍讓我有些不自在。

製作《Running Man》或《無限挑戰》這些綜藝節目的韓國綜藝製作人，他們一開始並沒有瞄準華人圈市場，或打算製作國際性的節目，每個人純粹只是為了撫慰、吸引同世代的韓國人卯足全力。他們直到某個時機點，才瞭解到自己製作的節目力量強大到足以超越國境。我想，當初製作出主宰了我的 80、90 年代的華文影視創作者也是如此。

生活在今日的台灣、中國或香港的影視文化創作者，各自為了撫慰或吸引國人全力以赴，然而企劃出的節目卻可能會出乎意料地，成為拓展至韓國、日本，甚至更寬廣世界的力量。這樣看來，不管處於超越或落後的境地，能夠體會經濟、社會、文化激變的亞洲影視創作者之間，或許

已經形成了某種超越國境、語言的共鳴。在巨變的產業化、都市化的環境裡，大眾需要懂得撫慰百性憂鬱和疲憊的人。韓國人每到節慶看到成龍電影就會興奮大叫，華人圈的觀眾收看《Running Man》時也會哈哈大笑，這或許是一起度過了相似歲月的我們，向彼此遞出的友誼之手。

　書中的文章當初並不是為了華文圈讀者而寫。我寫書時，想到的讀者是一起經歷並理解韓國30多年來劇變的韓國人，希望同時代的韓國人，透過電視綜藝的企劃也能好好企劃自己的人生，聰明的讀者，或許還能從中找到足以度過激變歲月的線索。然而如果我的文章超越了國境，能成為更多人的線索和安慰，偶爾也能讓兩方溫柔地握手，那麼對我而言是更大的喜悅。希望各位能開心握住我穿越海洋伸出的手。

2017 年初夏　寫於首爾

中文版序
給度過相似歲月的我們

序

思考電視產業裡的細膩企劃力

有些詞彙太常見,以致於原本的意思變得模糊。例如韓文的「你好」[1],原本是「沒有任何差錯、不用擔心、很平安」的意思;90年代出現了流行語「自我PR」[2],不知道「PR」[3]的意思也不影響大家頻繁地使用它。當然,這不是什麼奇怪的事,人類學習詞彙不會只透過字典,主要是透過觀察他人將該詞彙使用在什麼句子上,借此掌握意義。

對我而言,「企劃」就是這樣的詞彙。「這樣的企劃是勝負的關鍵」,我們寫出這樣的句子,卻不曾思考「企劃」具體的意義究竟是什麼。很久以後,我才大略掌握了企劃的眞諦。行政或社會學上的企劃,是「以某對象的變化為目的,設計出的最適行動方案」。也就是說,企劃是為了讓目

---

1 韓文漢字為安寧。
2 指推銷自己、表現自己。
3 PR為公共關係Public Relations的簡寫。

標對象產生某種變化的行為總稱。

就算不懂企劃一詞，我們依然「企劃」了每一天。大學面試證明自身才能、分組作業發表要抓住教授目光、職場上的履歷表、告白或見男女朋友的父母，這些都經過企劃。

企劃的原形，就是思考出獨特的方法來說服、挑動、誘惑對方。我不是行銷專業人士，所有經歷都與電視、電影、歌手評論文章相關，不過進一步想，其實我不知不覺中一直在談論企劃。大眾文化向觀眾揮手，為了讓觀眾這個「對象」的心「變為」好感，所做的所有行為都是企劃。

本書會提到許多的綜藝或戲劇的故事，例如《無限挑戰》、《花漾爺爺》、《請回答》系列等等。有些節目方向差異不大，收視或口碑卻有天壤之別。企劃，究竟如何為節目取得成功？為何失敗？這本書雖然比不上偉大行銷企劃者的著作，但是希望能幫助讀者將電視從業人士──那些創作出讓我們哈哈大笑的週末綜藝節目的製作人或主持人、

優秀連續劇的編劇、幫助節目形成「tone & manner」(影片或畫面的調性與節奏)的製作團隊——的企劃策略吸收成為自己的企劃力。

我想向長久以來不認真看待「電視產業」的人證明，這是個非常細膩、重要的產業，值得認真批評與分析。1956年5月12日，韓國第一間電視台HLKZ-TV開台，從此電視從業人員猛烈地偷走了無數人心。這本書就像我對這些人寄出的害羞情書。我每天都用激烈的批評、粗魯或尖銳的話在解析綜藝節目，這一切都是愛的告白。

第一本書有許多人要感謝，也對許多人感到抱歉。感謝帶領了懶惰作者的Paperroad的崔永範代表、企劃編輯本書的編輯，也對金正株、鄭賢宇、金大韓、金鐘五、朴強民獻上感謝與歉意。本書諸多篇幅在《ChannelYes》上連載，感謝大力相助的嚴智慧記者，也謝謝督促我何時可以看到書的朋友與家人。沒有他們，我將一事無成。

將本書獻給我的姊姊李慶華。姊姊從小因病經常在家休養，電視是她最好的朋友。和姊姊一起坐在床旁看電視、重看錄影帶、聊電視節目，是我電視人生的初體驗。所以，這也是一本在無數的日子裡用電視來填滿少男世界的人，企劃出的一本書。

2017年寫於首爾

李昇翰

目次

中文版序　給度過相似歲月的我們　　　　　　　02

序　思考電視產業裡的細膩企劃力　　　　　　　06

CH1 第二名的勝利法

**1. 持續練習反敗為勝的能力：
「劉在錫式烏合之眾」的綜藝表現型態**　　16
　　中庸者的自我證明　　　　　　　　　　　　18
　　更好的失敗？　　　　　　　　　　　　　　24
　　蘋果也從失敗中學習：Newton 與 iPhone　　29

2. 戰場你來決定：學習李舜臣將軍的精密計算　34
　　〈無理挑戰〉在《無限挑戰》復活　　　　　36
　　連賈伯斯也專注在擅長的「一件事」　　　　41
　　熟悉是創新的反義詞　　　　　　　　　　　46

3. 弱點有一天會成為你的武器：排球天才金軟景　52
　　沒有座位的咖啡店 vs. 只能播 5 分鐘的脫口秀　54
　　將弱點變成武器的方法　　　　　　　　　　59
　　不隱藏我是第二名，不忘記我曾經是第二名　63
　　得到後，懂得取捨：Galaxy Note 的企劃策略　68

CH2 如何扶正歪掉的企劃

1. 快速接受反饋 —————————————— 76
 反饋的「黃金時間」   77
 忽略網路的聲音：《能吃的少女們》 82
 《Running Man》的成功與失敗   88
 該傾聽的反饋 vs. 該忽略的反饋   92

2. 越界，別給自己設限 ————————— 97
 越界才有新視野：
 《我的小電視 My Little Television》 99
 不把同領域的領先者當成標竿，
 反而擴張了陣地   104
 「演藝圈最後的良心」金濟東獨創的媒體形式 108
 開創新路線的藝人們   111

3. 無法用相同的策略贏兩次 ——————— 117
 韓國戀愛綜藝的演變   119
 符合時代氛圍的企劃：公益性綜藝節目 124

CH3 領先者的跑法

1. 羅暎錫的企劃策略　134
   「多」不是萬能　136
   用「深入」代替「大量、遠方、重口味」　141
   發想很自由，同意很嚴格　145
   不被潮流吞沒，做自己擅長的事　149

2. 踩入禁忌吧！
   比別人多跨出半步的JTBC的脫口秀　153
   如何吸引「2049」族群？！　155
   先行者不忌諱禁忌　158
   節目的賣點在生活　162

3. tvN如何贏過無線電視台？　166
   專注在忠誠度高的消費者族群　168
   擴張消費者族群　173

CH4 解讀時代欲望的方法

1. 誰的欲望？獨居時代的綜藝 ---------- 180
    不安定的時代，人們缺什麼？   183
    如何解讀「那些人」的欲望   188
    處理敏感的欲望主題時，需要多一些考量和設想   194

2. 欲望的模樣，渴望吃吃喝喝、渴望戀愛的時代 --------- 200
    吃播秀，是溫暖還是情色？   202
    想要愛與被愛的欲望是跨時代的   207
    害怕感情消耗的情歌裡蘊藏的年輕人自畫像   213

3. 欲望朝向哪裡？韓國永遠的趨勢：復古 ---------- 217
    平息不安年代的復古企劃   219
    企劃不是榨乾年代而是去理解時代   225

後記   海浪來了也帶不走的城堡——留下企劃核心   233

CH1 第二名的勝利法

1

持續練習反敗為勝的能力：
「劉在錫式烏合之眾」的綜藝表現型態

即使大家都說「失敗為成功之母，勝敗乃兵家常事」，但一旦要回顧自己的失敗，或是接受眼前發生的挫敗時，我們總是會想盡辦法逃避，或者否認事實，不願正面接受它。

為什麼會這樣呢？因為我們從來沒做好「接受失敗的練習」，只是口中喊著要接受失敗罷了。全然地接受失敗、透過失敗來學習，這不能只有腦袋知道，而是需要全面的心理準備，以及持續練習反敗為勝的能力。對於只有成功會受到讚美或仰望的韓國社會，這可不是件容易的事。

因為我們不曾被鼓勵「即使失敗也沒關係」，導致比起「想從失敗中學習」，最先冒出的念頭都是「逃得遠遠的」。

不僅別人會這樣對待自己，自己也會以相同的否定角度看待別人的失敗，就這樣不斷地惡性循環。這種明白道理卻實踐不了的情況，正是因為缺乏練習的緣故。

在這個章節，可以看到劉在錫如何透過無數次錯誤和失敗的經驗，終於形成他心中理想的「劉在錫式烏合之眾」的綜藝表現型態，也可以看到成功主持人的個人特質──堅持從上一次的失敗中學習，並在下次的作品中補足修正。在韓國，像劉在錫這樣即使經歷無數次失敗或錯誤，也不下修或放棄計畫，選擇堅持作戰的人，是相當少見的。在擄獲韓國人民的心這件事上，他獲得了史無前例的成功，不過大家別忘了，在發出光芒之前，他歷經了多少失敗和挫折，走過了多漫長的無名時期。

就連舉世無雙的劉在錫也曾歷經長年失敗和犯下錯誤，我們怎麼能在一兩次的失敗後就宣布放棄呢？接下來就來回顧劉在錫走過的路，並學習他「接受失敗，從中找到可取之處」的不敗態度。

中庸者的自我證明

「就算是經年的積怨,也能這樣化解。」當我看了《無限挑戰》2016 年播出的網路漫畫接力特輯中,《與神同行》漫畫家趙浩民的演出,才發現熱衷審查的漫畫粉絲不只我一人。

不曉得劉在錫本人知不知道,趙浩民和他之間發生過一次不太愉快的事件。當年在 MBC 節目《驚嘆號》中,向觀眾介紹好書的〈書書書,來讀書吧〉某集單元,劉在錫和金勇萬採訪了市民,當市民回答有強烈共鳴的書是「漫畫《灌籃高手》、《北斗神拳》、《Mr. Q》」時,兩人哈哈大笑,透露了心中認為漫畫並不符合節目「好書」範疇的想法,而這個反應使得激動派的全國漫畫粉絲和漫畫家協會向 MBC 提出嚴正抗議。

此事件最後演變成言論仲裁委員會建議道歉,〈書書書,

來讀書吧〉推出韓國漫畫特輯才告結。激動的業餘漫畫家中，包括了20歲出頭的趙浩民。趙浩民還畫了《北斗神拳》的主角拳四郎除掉了嘲笑漫畫的劉在錫和金勇萬。因此，對於瞭解這段過去的人而言，當看到特輯裡劉在錫對漫畫進行愛的告白、趙浩民含情脈脈地看著他，兩人之間深情對話的場面，定會產生一種奇妙的感覺。

有抬不起頭的過去和無數失敗，才有今日的「劉大神」

看到獲得全國人民喜愛的人有不光彩的過去，還曾經犯下粗糙低階的失誤，會讓人感到相當吃驚與困惑。我不斷提到，劉在錫能爬到今天的位置花了很長一段時間。當年的他，私下辯才無礙，但只要站在攝影機前就會無法控制地心悸，說話變得結結巴巴。他說自己好幾次想要放棄藝人生涯，每次都是在同伴的鼓勵下，才又撐過一天。

如果當年在喜劇短劇中他沒有被編排到角色，在受挫後放棄了喜劇演員一途，或是在 KBS《徐世源秀》的〈Talk Box〉之後就滿足於當固定來賓，抑或在 KBS《南熙碩、李輝宰的看見韓國》的〈尋找至尊〉單元失敗後便放棄類似的形式，我們或許很難見到今天的劉在錫。

韓國的綜藝，借由劉在錫的「在錯誤上逐漸設計出能凸

顯個人的綜藝形式、成功穩定個人風格」，帶著信心往前邁進，到達今天的成績。因此，這種形式我們可以稱爲「劉在錫式的烏合之衆」。

倘若要粗略定義這種遊戲類綜藝的模式，可以這樣說明：「將笨手笨腳的魯蛇聚在一起，創造出衝突的秀。」更詳細地說，是用 6 至 7 名成員當作主要 MC（主持人），挑戰看起來難以成功的任務，並將準備過程中搞砸或胡亂摸索的模樣展現在大衆面前的綜藝節目。穿著緊身隊服的主持成員、搖晃著彩球的啦啦隊員，兩者的形象加在一起時就很完美。不管是「節目名稱」或是「挑戰內容」都設計得很悲壯，不過仔細一檢視，內容就是將幼稚且漏洞百出的兒時街頭遊戲，改編爲成人版的遊戲世界。當然，這種表現形式雖然是劉在錫的設計和發明，但很難說就是劉在錫個人獨擅的形式。

韓國綜藝節目中，由藝人來學習各種運動、魔術等挑戰任務式的形式，可以說源於朱炳進和盧士燕在 90 年代《星期天星期天晚上》推出的〈學習吧〉單元。而展現出主持群中各人物的明確特色，讓「烏合之衆」在電視節目中成爲固定模式的，則是 2002 年首播的《星期天星期天晚上》〈偉大的挑戰〉單元中的「武達」李敬揆、「大個」朴洙弘、

「萬盒大哥」趙炯基、「泰陵人」尹正秀[1]等人。

〈偉大的挑戰〉取得盛大成功的同時,劉在錫正在反覆經歷失敗。從 2000 年的 KBS《南熙碩、李輝宰的看見韓國》〈尋找至尊〉和〈無處藏身〉開始,雖然比〈偉大的挑戰〉更早推出,卻還無法立足,他的節目接連遭到停播。2003 年 KBS《超級電視享受星期天》中,他接下〈天下第一外人球隊〉單元,2004 年轉換到 SBS 電視台,推出《星期天真好》〈劉在錫的不勝感慨〉單元,之後又被停播。

再次嘗試,再次失敗,更好的失敗

在多次遭遇各種挫折,而且有業界人士做得比自己好、後來居上的情況中,劉在錫只要遇到機會仍然不斷挑戰的舉動,實在令人費解。累積的失敗,僅成為像是「已經試過了但是不行」等用來讓自己死心的藉口。甚至,他除了「烏合之眾」外,並不是沒有其它他可試的形式,而當時的劉在錫雖然還不像現在是第一把交椅,但早已躋身進入 A 級 MC 的行列。

---

[1] 綽號分別來自過去節目的角色、高大身材、抽菸習慣、國家選手般的實力(南韓國家運動訓練中心為泰陵選手村)。

在他的「烏合之眾」形態一再失敗的時期,若要列出當時他參與過的節目,名單也相當可觀。MBC《目標達成星期六》〈同居同樂〉(2000)、KBS《超級電視享受星期天》〈MC 大對決:恐怖的空空噠〉、MBC《驚嘆號》〈書書書,來讀書吧〉(以上為 2001 年),KBS《Happy Together》、《超級電視享受星期天》〈MC 大對決:危險的邀請〉、SBS《星期六實際狀況》〈X Man〉、《真實遊戲》(以上為 2003 年),MBC《劉在錫、金垣喜的來玩吧》、SBS《星期天真好》〈反轉連續劇〉(以上為 2004 年)。若是因為專注在當下擅長的、將夢想稍微往後延遲,我想沒有人會斥責劉在錫。但他不安於現有的穩定的成功,總是再次挑戰失敗過的事,就常識而言,實在令人費解。在成功之間,劉在錫只要一逮到機會,就會再次嘗試之前失敗過的形式,彷彿是為了要累積失敗的底子,然後在其他地方斬獲成功。

這個時期的劉在錫,到底為什麼要重複他的失敗形式呢?在 2006 年網路雜誌《Magazine t》創刊特輯中,劉在錫受訪時說道:「我想看到成長過程中的自卑情結和悲傷,能夠結痂後顯露出來。⋯⋯我心中的綜藝,是將埋在內心深處、不知是否該藏一輩子的心願,一個個拿出來自我實現的地方。」2008 年 1 月號的《柯夢波丹》中,他這

樣說:「在有很多帥氣人物登場的綜藝時代,我是個有很多不足的人,但我不想只是追隨,而是拚全力讓大家知道『我們也能開花』。」

就某種意義上來說,讓這個形式成功的過程本身,就像是綜藝的自我實現結構。這是讓「認為心願或許該藏一輩子、有許多不足之處」的人,綻放出個人風采的綜藝,也是一種實現「夢想」的過程,因此身在其中的人才會更執著於某種形式的成功。重複的失敗、做過的嘗試,這些都只被視為未竟之役,若最後成功了,便是成功前的試錯。劉在錫式的烏合之眾,是「最終還是不行」,還是「可行」,關鍵就在此。

遇到機會每次都全力以赴的劉在錫,讓人聯想到薩繆爾·貝克特《往最糟糕去啊!》(Worstward Ho)一書中的這句話:「再次嘗試,再次失敗,更好的失敗。」(Try Again. Fail again. Fail better)他的英雄之旅最後在 2005 年MBC《目標達成星期六》〈無謀挑戰〉中綻放開花,並且是和領先自己一步、曾擔任另一節目〈偉大的挑戰〉助理導播的金泰浩製作人,一起攜手完成。

更好的失敗？

　　尹胎鎬的網路漫畫《未生》[2] 第一季中，主角張克萊向營業三組提議再次推動約旦的中古車事業的橋段，可能會讓入戲的觀眾緊張到窒息。該事業之前被營業三組揭發舞弊，成了沒人敢再提起的禁忌話題，而中斷一切的營業三組，竟提議了要重新推動這件案子。站在旁觀的角度，這樣的確能更客觀地分析失敗原由，提出改善方案，但對於失敗的當事人而言，要冷靜分析卻是很困難的。想要掩埋失敗、盡快逃離才是人之常情。

2　網路漫畫《未生》，以職場新人的視角描繪工作的面貌，被稱為「工薪階層教科書」。同名電視劇由 tvN 於 2014 年推出。

韓國人無法承受失敗

冷靜回顧失敗，對任何人來說都不容易。無論是個人或企業，計畫失敗代表時間、勞力、金錢付之一炬，而且也很難擺脫失敗帶來的負面衝擊。去檢討誰、哪裡犯了錯，會讓自己身陷好不容易脫離的情緒泥沼。若是無法體會，或許讀者可以現在用手機錄下一段自己的聲音來聽聽看，可能會聽見可笑的發音，或充滿贅詞的說話習慣，找到自己平時聽不到的缺點。就連日常對話，錄音後再客觀重聽都讓人冒冷汗，更何況是徹底的失敗後，要如何重新面對和開始呢？

在美國和日本，已有許多人傾心於「失敗學」（failure study），討論如何從失敗中學習。韓國又是如何呢？失敗學在韓國還是新的概念，我們歷經戰後的經濟成長，創下史無前例的成長速度，在這個國家，「失敗」是不被接受的。失敗就代表延誤，在凡事講「快一點！」的韓國，延誤就是無能。一直以來，高速成長、鼓勵競爭的韓國社會最無法容忍無能。因此，「失敗」長期以來被視為罪惡，也是眾人想要掩蓋的「黑歷史」。

認識這樣的社會背景，就會知道劉在錫的「百敗百戰」

在韓國相當罕見，也格外引人矚目。然而，劉在錫不重複無謂的失敗，他重複的是「更好的失敗」，從這個角度來看，劉在錫式烏合之眾的立足過程值得我們進一步思考。

從失敗中分析該捨棄、增加的部分

舉例來說，「向至尊挑戰」的企劃概念，從《南熙碩、李輝宰的看見韓國》的〈尋找至尊〉延續到《超級電視享受星期天》的〈天下第一業餘球隊〉單元。直至今日，《無限挑戰》偶爾也會在邀請知名運動選手當來賓時端出此企劃。現在依然有許多觀眾會記得單元開場時，出現的大大「至尊」二字。

在〈天下第一業餘球隊〉單元中，成員開始為了向至尊挑戰進行準備訓練，大幅強化了過去的節目概念。因此，節目擁有了至尊與烏合之眾因懸殊實力營造出的搞笑效果，也讓觀眾看見成員為了獲勝的掙扎努力，更添一層看頭。

另外，在正式對決時不容易展現個別成員的個性，所以，綜藝節目裡增加訓練時間的分量，讓觀眾有充分的時間感受成員或來賓的個性，是很聰明的安排。

〈天下第一業餘球隊〉停播後，劉在錫得到再次挑戰的機會，也獨自收割了成果。在 SBS《星期天真好》〈劉在錫的

不勝感慨〉（2004）裡，劉在錫這次不是向「某至尊」挑戰，而是嘗試向「某件事」挑戰。節目企劃排除了訓練和練習的過程，只是挑戰，雖然無法發揮之前〈天下第一業餘球隊〉的企劃優點，然而我們可以觀察到有意義的新變化。

不是向某至尊挑戰，而是向某件事挑戰。這拓寬了企劃的範圍，可以考慮的項目變多，節目可挑選的畫面也更多元。

成員訓練過程的有無會架構起角色的投入程度，既然不和至尊對決，那就開始和數幣機、蚊香等物品對決。例如，讓成員和蚊香比賽抓蚊子，這樣不像話、不合理又蠢得好笑的企劃點子，就是在比較和分析過去的失敗後，擷取了元素的優點的結果。

〈無謀挑戰〉雖然沒有和某領域至尊對決的看頭，在《無限挑戰》之前仍持續了一年左右，不僅是因爲劉在錫的人氣上升，更是因爲節目企劃從前端的失敗找出成功祕訣，留下精髓，並確定了觀衆喜愛的模式。企劃概念去除「向什麼挑戰」的要素，更進一步在〈Quiz達人〉中，加強了成員個性和愚蠢形象。

綜藝企劃裡的標竿分析

　　是什麼樣的理由讓劉在錫堅持回顧失敗呢？當然，箇中原因有他本人對於「烏合之眾」的執著，不過應該也來自於他在漫長的無名時期中養成的習慣──學習克服自卑感，去比較、分析成功者與自己做節目的習慣的差異，用來提升自我。如同許多人的批評，劉在錫的主持風格和一些成功主持人有相似之處。譬如，給予來賓發揮空間，傾聽之後快速抓住來賓個性，這是來自於搞笑女藝人宋恩伊；抓到微妙的點，迅速引導對方掌握狀況的部分，則是受到姜鎬童的影響。

　　再者，所有的標竿分析法（Benchmarking）[3]，都是在不斷重複自我懷疑的過程中完成的，並非對失敗視而不見，而是保持懷疑，讓自己深入根本去細看，然後再度往上補足。

---

[3]　行銷學上的企業評價方法，指企業在產品、服務、業績等方面與競爭對手或業內一流企業進行對照分析與評價，借此發現自身企業的優勢和不足。

蘋果也從失敗中學習：
Newton 與 iPhone

在蘋果（Apple）的企業沿革中，有一些被刻意忽視的產品，其中最耐人尋味的產品是 1993 年開發的「Newton」[4]。這個產品被視為 PDA（Personal Digital Assistant：個人數位助理，俗稱掌上型電腦）的元祖，然而在當時是太過超前的嘗試，銷售量相當低。不知是否是這個緣故，賈伯斯回歸蘋果後 Newton 停產，也鮮少被提及，如果不是蘋果的狂粉，幾乎沒有人記得 Newton。

但是深入瞭解後，會發現 Newton 可說成就了今日的蘋果產品。iPhone 和 iPad 的開發團隊正是開發了失敗產

4　蘋果公司對其的正式名稱為「MessagePad」，「Newton」稱呼來自於產品所使用的作業系統 Newton OS。

品 Newton 的團隊,只是賈伯斯偏好介紹嶄新產品,因而極少被提及。而 Newton 本身的領先概念──在液晶螢幕上直接寫字、畫畫,搜尋知識的攜帶型裝置──被移植至 iPhone 和 iPad 後,發展得相當成功。

當年,蘋果沒有認定 Newton 失敗,而是瞄準成功的條件和時機,重新嘗試後大放異彩。這個嘗試不僅僅成就了今日的蘋果,說是開啟了「行動通訊時代」也不為過。

大神的成功模式:求雨率 100% 的印地安祈雨舞

劉在錫在 2006 年讓 MBC《無限挑戰》進入穩定軌道之前,也參與過無數像「Newton」這樣的項目。

在 2007 年 SBS《星期天真好》〈新 X-Man〉、2008 年〈家族的誕生〉的成功之前,劉在錫在《星期天真好》的三個單元嘗到了三次的失敗滋味。和朴明洙、申政煥、哈哈的〈做吧!Go〉,不到兩個月就停播了;懷抱著偉大夢想,想藉由綜藝重現過去直播電視節目的〈舊時 TV〉也在播出後五個月後停播;〈奇蹟的勝負師〉播出了三個月就下猛藥,將單元改名為〈奇勝史〉,仍然撐不到七個月。

當然,不斷失敗還能得到機會,的確是因為地位夠高才有機會,但至少不是像大家所想的,劉在錫並沒有一雙能

將經手節目點石成金的「邁達斯之手」[5]。

舉例來說，沒沒無聞時期的劉在錫，除了 KBS 傳統搞笑舞台的〈丈夫膽大〉單元之外，沒有任何成功作品。然而憑著 MBC《目標達成星期六》〈同居同樂〉，以及 KBS《超級電視享受星期天》〈MC 大對決：恐怖的空空噠〉獲得高人氣後，劉在錫為了再次挑戰屢戰屢敗的傳統喜劇，刻意減少其他節目去嘗試 SBS 的《喜劇城》，這件事恐怕已被許多人遺忘。

劉在錫身為綜藝主持人的資格雖受到肯定，在自己的本業——傳統喜劇中卻屢戰屢敗。即使如此，他仍持續在《無限挑戰》內推出喜劇小品。當然，是因為有過去在《喜劇城》一起合作的鄭埻夏，延續 MBC 傳統喜劇命脈的朴明洙，及 KBS《搞笑演唱會》出身的鄭亨敦，這項挑戰才有可能。然而，若是劉在錫本人對傳統喜劇沒有熱情，就沒有今日《無限挑戰》內的〈無限商社〉和〈明洙 12 歲〉系列了。

觀看劉在錫的影片集錦，有時會有「咦？好像在哪裡看過」的似曾相識感。《無限挑戰》的〈無限挑戰電視台〉特輯（2009 年）中，可以發覺《星期天真好》〈舊時 TV〉的

5　指希臘神話中的邁達斯國王。

第一章
第二名的勝利法

痕跡；JTBC《Two Yu Project - Sugar Man》（2015 ～ 2016 年）裡，也有《無限挑戰》〈星期六星期六是歌手〉（2014 年），或是以粉絲與歌手的相遇為媒介的音樂脫口秀MBC《來玩吧》〈想念房間地板演唱會〉（2012 年）的痕跡。

《Sugar Man》本身以失敗告終，標榜是「男子脫口秀」的《我是男人》（2014 年），也被許多人指責是 MBC《來玩吧》〈真人秀〉的擴大版。實際上，〈真人秀〉播出時雖然得到好評，也沒有充裕的時間挽回收視率，還是留下停播遺憾。看到這裡，我們知道劉在錫雖然無法點石成金，然而他懂得成功率 100％ 的「印地安祈雨舞」——求雨求到下雨為止的成功模式，以此保持不敗之身。

一起稱霸韓國綜藝界的姜鎬童，與劉在錫的差異就在這裡。姜鎬童從摔角時期到因逃稅問題暫時引退為止，未曾嘗過失敗滋味。因此，我們看著姜鎬童引退和回歸後的不振，多少會感到不安。一直以來扶搖直上的姜鎬童，可回顧學習的失敗資料庫並不多。

反之，我們看到劉在錫近來嘗試又失敗的一系列節目《我是男人》、《同床異夢，沒關係沒關係》（2015 ～ 2016 年）並不會不安。我們知道，他不會放棄失敗的項目，而是好好保管著，等待時機再逆轉失敗。

不逃避失敗

我們經常會嘲笑「不要害怕失敗」這種建議,因為我們知道,在韓國這樣充滿不信任的社會裡,失敗後要東山再起是多麼艱辛。不要害怕失敗的建言聽起來如此空虛,給予建言的人從來不用對我們的失敗負責。

不過有一件事是可以確定的,即使失敗不會獲得鼓勵,我們也不應該習慣將它視為罪惡,不願回顧。任何巨大的成功,一定來自失敗與錯誤,從這個觀點來看,或許我們都需要培養與「我的失敗」更親近的態度。

另外,我們需要在制度上建立面對失敗的保障,對於他人的失敗採取更寬容的態度,進一步確保失敗者得到再次嘗試的機會。劉在錫有他的〈舊時 TV〉和〈尋找至尊〉,蘋果有「Newton」,企劃者準備好面對你的「Newton」或〈尋找至尊〉了嗎?

2

戰場你來決定：
學習李舜臣將軍的精密計算

當我們說起鳴梁海戰[6]中李舜臣將軍用 12 艘船殲滅了 300 多艘敵船的故事時，常會提到將軍吶喊著「臣還有 12 艘船」、「生即是死，死即是生」的強大意志。面臨苦戰不輕易言敗，這樣的精神固然值得嘉許，然而若沒有具體的戰略，僅是高喊「生即死，死即生」也不會有任何效果，只能痛苦地迎接死亡。如大家所知，李舜臣將軍奇蹟式的勝利，並不單純只是靠意志取勝，而是精密計算各種要素

6　16 世紀，朝鮮王朝李舜臣的海軍與豐臣秀吉的海軍在鳴梁海峽發生的知名戰役。

之後得到的結果。

不管是朝鮮海軍和日本海軍的火力差異、善用雙方船隻的特性，以及日本海軍急迫需要補給船的心理，全都經過李舜臣將軍的精密計算。而首要之務，就是決定：「戰場要設計在哪裡？」朝鮮海軍陣營不斷退後，乍看像是在撤退，實際上卻是為了要將日本海軍引入波浪猛烈、狹窄、外地人無法輕易摸清水路的郁陶項[7]。李舜臣將軍決定以自己極度熟悉的位置作為戰場，引誘敵方前往，一舉殲滅兵力充足卻不諳環境的敵人。

世上的所有企劃皆是如此。隨著實踐企劃的環境的差異，相同的企劃有可能成功，也有可能失敗。在本章節中，我們一起檢視劉在錫的《無限挑戰》、姜鎬童的《我們社區藝體能》和李敬揆《男人的資格》，如何各自找到能發揮企劃強項的環境，以及東山再起的契機。仔細地找出你的郁陶項在何處，將成為你的致勝關鍵。

7　郁陶項：又稱鳴梁海峽，是韓國珍島與本土大陸之間的狹窄海峽。鳴梁海峽內水流湍急，每隔 3 個小時海流方向會逆轉。海峽僅寬約 294 米，狹窄到可以在兩岸拉鋼索，成為朝鮮致勝的戰略之一。

〈無理挑戰〉在
《無限挑戰》復活

　　這裡有個相當令人頭痛的節目——將頂級主持人安排在星期六黃金時段，以肢體搞笑和荒唐任務為主的戶外綜藝，收視率卻未隨人氣而提升。即使更換成員，也提升了任務強度，收視率仍遲遲無法攀升。「似乎該換成其他節目了」，電視台主管暗中下了決心，正準備替換的節目。

　　「我想要擔任節目的總製作人。」進公司四年，31歲的年輕製作人無法放手，他心想：反正都要停播了，情況最壞還能有多糟？電視台也給了節目最後一次機會。這個令人頭痛的節目，就是眾所周知的MBC《強力推薦星期六》，而毫無畏懼地赴任製作人一職的人，就是金泰浩。

節目的節奏控制

若是從和公牛拔河，以及和數幣機進行數幣對決的「經典」時期開始，收看《無限挑戰》超過十年的狂熱粉絲，肯定會說這個時期的《無限挑戰》已是非常有趣的節目。因為有「朴明洙不是主力！」的呼喊，不管任何挑戰都能徹底搞砸的成員的肢體動作，再加上一片混亂中仍面無表情作出判決的朴文基裁判，就算放在現在來看，這些仍是有效的搞笑組合企劃。

然而長期重複同樣的概念，讓觀眾逐漸失去看節目的理由。第一，不管什麼挑戰，每週都會失敗，因此沒有一定要看的理由。即使更換挑戰類別，也只是重複類似的畫面，節目的結構很快就淪為只是在反覆相同的型態。第二，節目早期經常更換成員，讓人很難對節目產生感情。

前面曾提到，劉在錫式烏合之眾的特性之一，就是成員的角色明確，人物喜劇足以產生加乘效果。然而經常更換成員，無法明確塑造成員性格，當然也就難以期待任何化學作用。

更重要的是第三點，是否該繼續在戶外錄影的不確定性。當時節目的主軸是：聚集在戶外的烏合之眾，以挑戰為藉

口展開肢體搞笑，然後搞砸挑戰。然而，這樣的核心企劃也引來「不曉得他們在做什麼」的觀眾聲音。在那個時期可以看到，劉在錫在長時間錄影後經常會失去掌握現場的能力。

劉在錫為了節目的趣味性，一方面必須慫恿成員互相爭吵責備，另一方面還要鼓勵引導他們完成挑戰，結果常無法如願。

在一片混亂的時候，需要有人拉主 key 來掌舵，產生固定的節目節奏。若只是不斷讓成員各自發揮，不僅模糊了節目主題，也會亂了節奏。

初期用室內錄影養精蓄銳

〈無理挑戰〉需要更積極而冷靜地重新定義節目。縮編規模、嘗試新方向，同時也要確定固定成員，在人物產生化學作用前專注於人物架構，讓節目更具吸引力。

2005 年 12 月，〈無理挑戰〉宣言要脫胎換骨，放棄這期間做過的肉體上的挑戰。主持團隊在汝矣島 MBC 辦公大樓前廣場搭帳篷，在帳篷內打著「現在不是用身體，而是用頭腦挑戰！」的口號，一切籌備好之後開始進入室內錄影棚。節目不再頻繁更換成員，開始整編為長久以來一起合作過的

成員（趙惠蓮、金成洙離開，哈哈和鄭埻夏依序加入，最後是李胤錫離開，完成了目前大家熟悉的六人體制）。

〈無理挑戰〉以解謎、文字接龍、公開兒時學生生活記錄簿等內容持續在攝影棚內錄影，隔年五月以《無限挑戰》的名稱獨立出來，到做到魏聖美[8]特輯前持續了五個月。節目在奠定基礎實力，確立了成員角色之後，才能嘗試新型態。

《無限挑戰》移除了〈無理挑戰〉時期能量分散的缺點，開始進入室內，打造出讓主持人可以更輕易掌控節目的環境。室內的環境讓主持人劉在錫更能展現優點，減少變數，可以從容地說笑，節目的企劃方向開始奏效。

哪裡才是我能奪勝的戰場？

世界上有首戰告捷的企劃，也有在敗部復活的企劃。在企劃上，維持初心固然重要，若判斷情勢無法獲勝，就要果敢把戰場移動到對自己有利的領域，才能改變局勢。

如同〈無理挑戰〉調整步調，在重新設計節目型態、調整好步調之前，先進入棚內錄製。短時間看起來像是放棄

8　Michelle Wie，韓裔美籍職業高爾夫球球員。

了目標,選擇淒涼的縮編做法,但是時間證明了當初這個選擇是正確的。當最初規劃的藍圖難以實現,就不應該展開消磨戰,而是快速移動到可儲備體力、奠定基礎的環境,日後再找時機抓住勝利。雖然花了一些時間,但《無限挑戰》就是透過這樣的選擇最後超越了〈無理挑戰〉。

　當你目前的企劃並不順遂,不妨先停下來冷靜評估,想一想可以為你帶來優勢的戰場,會是哪裡呢?

連賈伯斯也專注在擅長的「一件事」

在新領域的挑戰無法得到好成績,所以轉(回)到對自己有利的戰場,這其實並不是一件會讓人感覺太愉快的事。不僅要承認失敗,局勢看起來也很像是自己在敗退。90年代後期,賈伯斯回歸後的蘋果,局面正是如此。

90年代,蘋果推出的產品陣容既華麗又繁雜。四種威力麥金塔(Power Macintosh)、麥金塔(Macintosh)20週年紀念版、三種PowerBook、PDA「Newton」MessagePad、教育用PDA eMate 300、Apple印表機、數位相機產品Apple QuickTake,還有遊戲機Apple Pippin。當時蘋果產品品項廣泛,整體情況危急到必須找回創辦人之一的賈伯斯來力挽狂瀾。賈伯斯復職後,判斷產品力不集中是經營危機主因,開始大幅縮減品項。他一

舉讓 Newton 和 eMate 消失，刪除整個 PDA 系列、Apple QuickTake 和 Apple Pippin，並結束數位家電的生產線。

這樣大膽的結構調整，看似斷尾求生的舉動，讓蘋果勉強逃過了破產的命運，得到喘氣空間。因為，經營過多的產品品項，並無法在任何領域成為頂尖，企業若想要重整，只能減少不必要的品項，留下最擅長的品項作為主力。賈伯斯留下的類別只有三個：一體成型電腦 iMac G3、Workstation Power Mac G3、筆記型電腦 PowerBook G3。2001 年蘋果推出 iPod，在公司正式往手機方向發展的前三年，賈伯斯帶領的蘋果只專注在最擅長的電腦產品，奠定了基礎實力。

賈伯斯生前反對 iPhone 和 iPod 的畫面多樣的大小變化，蘋果在賈伯斯過世之後，才根據顯示器的大小擴張產品品項。這些企劃部局，都是受到過去可怕記憶的影響──勉強進入未占壓倒性優勢的戰場，會導致公司倒閉。

只留下有把握的戰場：醜聞事件後的姜鎬童

2011 年，韓國的主持界大哥姜鎬童因逃稅醜聞離開手上所有節目。他在 2012 年回歸後，選擇節目的邏輯也很類似。姜鎬童出道後未曾經歷形象危機，沒有吞過敗仗，

2011年的引退是他初次經歷的重大失敗，連觀眾都可以感覺到他因此光芒不再，即使回歸到螢光幕前，也無法回到從前的風格。

因為在道德方面受到質疑，他變得開始看大家的臉色，無法對來賓提出尖銳問題。在應該犀利提問的MBC《黃金漁場》〈膝蓋道士〉節目上，他展現出謙遜傾聽的模樣；他放棄了擅長的身體表演類型，改嘗試《月光王子》這種讀書類型節目，嘗到了苦果。之後在不同類型的SBS《赤腳的朋友們》、MBC《向星葵》節目中都無法有所表現。主持大哥回歸後四處碰壁，連觀眾也開始覺得掃興。

本來，懂得利用他人弱點來展開攻勢、占優勢，才是姜鎬童的主持風格。他也明白，自己在主持中表現出的壓迫感是一把雙刃劍，因此過去以「恐怖之中帶點可愛」的自我評價來轉化這件事。身旁的主持群，也總有人拿嘲笑他學識不足、貪吃、愛講名言強迫他人接受的這些哏來當笑點，這些人包括KBS《MC大對決》的劉在錫、KBS《快樂星期天》〈兩天一夜〉的李秀根和李昇基、MBC《黃金漁場》〈膝蓋道士〉中的俞世潤，及SBS《Star King》的利特和Boom。可是，回歸之後的姜鎬童無法看到自己的弱點。

在他失意徘徊的期間，韓國的綜藝節目從形式到主題上

的趨勢也有了劇烈變化。以往綜藝節目強調「誇張開場」和「結束台詞」，現在是「窺看日常生活」的觀察型綜藝躍為大宗；談話性節目的主題，向來是來賓分享人生故事或逆境，如今以時事、政治、經濟、性事等具特定專業性的節目蔚為主流；主要主持人的風格也是，有口才又不失幽默、親切型的主持類型較受到喜愛，開始取代了像姜鎬童這樣習慣強勢主導節目、壓制其他成員的人物。姜鎬童從1993年電視出道以來，第一次成為被時代淘汰的人。姜鎬童如今嘲笑自己的哏中，又新增了「以前的人」這個稱號。

回歸之路充滿危機，觀眾對姜鎬童的期待開始崩解。KBS綜藝部乾脆改推與姜鎬童形象相符的節目。藉由「生活中的體育對決」的形式，讓藝人和一般人比賽的型態。任何綜藝節目，只要加入了一決勝負的企劃，執著的勝負欲就會成為看點。姜鎬童曾是出色的摔角選手，擁有7次白頭壯士（韓國摔角賽重量級的冠軍稱號）和5次天下壯士（韓國地區摔角賽重量級的冠軍稱號）頭銜。他以具壓倒性體格，再配上主持人個人最信賴的得力助手（李秀根、初期成員），《我們社區藝體能》正是完全替姜鎬童量身訂做的節目。既然新挑戰都失敗、擔任談話性節目單一主持人的力量也大不如前，這時候的姜鎬童，就如同由賈伯斯帶領

的蘋果公司，重新回到自己最擅長、最熟悉的領域中作戰。

守住基本位置，重整或者改善體質

其實，《我們社區藝體能》並未爆紅，網路上的話題性不算太高，也沒有讓姜鎬童回復到往年地位。同時段競爭節目SBS《燃燒的青春》經常占據收視率第一名。然而重要的是，節目至少得到穩定的收視率，這讓主持人爭取到喘氣空間，重整氣勢的時間，並且恢復了自信。姜鎬童在SBS《Star King》裡只是固定的演出者，能讓他維持存在感的節目，可以說只有《我們社區藝體能》。以一個自己擅長的節目為中心得到穩固收視率後，再進行其他挑戰也能更順利。

即使MBC《向星葵》、KBS 2TV《透明人》等節目失敗收場，姜鎬童陸續透過tvN《新西遊記》、JTBC《認識的哥哥》或是O'live《韓食大賽》等節目拓寬了自己的主持題材，這或許都要歸功於隨時可依靠的《我們社區藝體能》。

姜鎬童忍受著批判也要回到戰場，能夠讓他確實獲勝的方式就是移動到對自己有利的領域。如果在毫無勝算的方向持續消耗能量，將越難改變局勢。當你在影視世界裡跌跤，你能夠像姜鎬童一樣，找到屬於你自己，能讓你重新立足的《我們社區藝體能》嗎？

熟悉是創新的反義詞：老牌主持李敬揆 靠〈男人的資格〉換了一張新臉

有時候熟悉會讓你成為毒藥。2008 年的李敬揆正是如此，並不適應實境綜藝節目的他，野心勃勃地挑戰了《李敬揆、金勇萬的 Line Up》，然而成員流動、節目整體概念不明等原因造成節目下檔。當一件事不順利，往往會產生骨牌效應，《李敬揆、金勇萬的 Line Up》結束的隔週，MBC《星期天星期天晚上》推出的實境綜藝〈走吧！旅遊〉接著落幕。當時大家都說：綜藝的未來是 MBC《無限挑戰》的劉在錫，和 KBS《快樂星期天》〈兩天一夜〉的姜鎬童，沒有人提到李敬揆。李敬揆對觀眾而言，是守了《星期天星期天晚上》將近 20 年的熟悉存在，自然讓人難以聯想到創新或未來。

招牌節目經歷了長期的低迷期，對李敬揆來說，就等同

於他自己的形象低迷，這讓情況更雪上加霜。

當你畫出嶄新藍圖，卻在熟悉的戰場上被拒⋯⋯

李敬揆接連在實境綜藝挑戰中嘗到苦果，但他掌握到了問題出在哪裡。這段期間以來，曾經讓李敬揆取得成功的實境綜藝，節目架構裡一定有一名牽制他，或是唱反調的人物，才能讓節目產生平衡。〈偉大的挑戰〉、〈健康寶鑑〉愛扮老大哥的李敬揆，有一個牽制他的趙烱基；〈李敬揆來了〉、〈良心冰箱〉這類單元中，有閔永泰教授、姜志遠檢察官等各領域的專家當搭檔。

反過來看，讓李敬揆嘗到挫敗的實境綜藝，不是沒有這樣的牽制角色，就是牽制者的分量不足。〈走吧！旅遊〉中的金九拉當時要和李敬揆抗衡還不夠分量，而《李敬揆、金勇萬的 Line Up》中雖然有金勇萬，但是節目中成員過多，因此難以營造對立的舞台。

李敬揆面對的問題，和他同年齡的男人會面對的問題沒什麼兩樣──男人在家庭中陸續送走了上一代（也就是可以管自己的父母），逐漸成為家裡的最高權力者，但是身體容貌都日漸衰老。李敬揆判定出自己的問題就出在：當自己暴怒，底下的小輩只能默默接受的固定模式。

李敬揆認為，若「設計」出一個脆弱或者會手足無措的中年男性形象，或許行得通。節目於是針對此方向反向思考企劃〈男人的資格〉，希望推出以中年男子挑戰各種陌生任務的單元。問題是，就如同之前所說，電視台判斷《星期天星期天晚上》裡的李敬揆換任何組合對觀眾來說都了無新意，再加上對 MBC 而言，星期六的主力節目《無限挑戰》是宛如電視台 DNA 般的存在，並不希望在星期天也推出類似性質的節目。連續的失敗，讓電視台高層認為用「李敬揆」這個名字包裝已經過時。

　　綜合了以上諸多原因，李敬揆和《星期天星期天晚上》也到了訣別的時刻。對李敬揆而言，和節目的訣別比前面的失敗還令他受傷。此時，李敬揆下了他個人主持生涯中最大的賭注：代表了《星期天星期天晚上》的他，2009 年帶著卓在勳、申廷煥一起跳槽到同時段的競爭節目──KBS 的《快樂星期天》，甚至還將被 MBC 拒絕的企劃案草案一起帶去！

將相同的企劃，帶到能讓你更突出的舞臺

其實，〈男人的資格〉即使是在 MBC 進行，也會是嶄新的畫面。成員中多是李敬揆無法捉摸的人物，有明明是後輩卻沒大沒小的金國鎭、完全不受控制的金成　、從未合作過也無法預測的金泰源。這樣的人，正是能夠抗衡李敬揆的人物。再加上，企劃推出的挑戰任務，都是針對中年男人不擅常的子女教養、打扮、自白、結交異性朋友等方向。2000 年之後，這可以說是李敬揆所有綜藝節目中最具新意的畫面！只可惜，這所有的新嘗試，一開始會受到大眾高度關注，竟是因為它不是在 MBC 播出，而是搬到了 KBS 的《快樂星期天》。

象徵 MBC 綜藝的人物選擇和老東家正面對決，這件事本身就點燃了觀眾的好奇心。大家拭目以待，李敬揆究竟做了多少準備，讓《快樂星期天》一下子就成為最能代表「新挑戰」的舞台。

這就好像韓國裔的安賢洙成了俄羅斯國家代表，和韓國選手競爭，本人在俄羅斯的索契冬季奧運中以最戲劇性的方式回歸舞台。當企劃的內容，和企劃推出的過程產生了絕妙地一致，這對企劃來說也是加分因素。綜藝企劃的內

容以「進入人生後半場的中年男子對於陌生領域進行挑戰，借此活出新的自己」為主題，投射了李敬揆離開熟悉的 MBC《星期天星期天晚上》，企圖在 KBS 這個陌生環境生存的形象。離開最輝煌的舞台，並不是演藝圈大哥李敬揆期望或是可以預料得到的，他只是絕妙地利用情況，讓自己的企劃能夠在最突出的地方上實戰。就好像不管你是什麼色彩，背景的顏色若選擇互補色，自然會讓你更受到矚目。李敬揆的挑戰得到最高評價，成為了東山再起的信號彈。

既有路線、創新路線兩張牌怎麼選？

以自己擅長的路線再次開闢戰場，並不代表你回到了完全熟悉的戰場。但我們前面聊的又是姜鎬童把勝負拉回自己熟悉的世界，或劉在錫回到自己熟悉的攝影棚錄影的例子。

沒錯，姜鎬童在《我們社區藝體能》中，首度將他熟悉的競賽世界與綜藝結合。或是劉在錫的 MBC《強力推薦星期六》〈無理挑戰 – Quiz 達人〉，讓戶外綜藝起家的節目回到攝影棚，但二者都是相當顛覆的案例，非常態性做法。二人雖然身處熟悉領域，但是認清「挑戰」本身的樣貌才

是真正的關鍵。不能只是回歸到你熟悉的地方,而是要找到,在你熟悉的領域裡相同價值能受到更多肯定的方法。

　　對企劃而言,走既有路線或創新路線是根據情況可選擇的牌,但兩者本身不會帶來優勢。重要的是判斷要取出哪張牌、如何運用,並且能分析這張牌適合在哪個戰場上使用。

3

弱點有一天會成為你的武器：
排球天才金軟景

　　每項運動，都有它最適合的身體特徵。舉例來說，排球員就是要高，才能發揮攻擊或防守的作用，扣球、撲接、餵球、攔網，這些都是身材高大的選手更善於發揮，身材矮小的排球選手能進步的空間有限。然而，有一天弱點也會化為你的武器。

　　身材較矮小的選手，通常會專注於守備或基本技巧，當有一天他也開始抽高，情況又是如何呢？一直以來累積了技術，如今又加上身高，成為難以模仿的綜合體，既有高個子的球技威力，又有身材矮小選手的縝密思路。說到這兒大家應該都知道是在說誰，就是韓國百年難得一見的排

球天才金軟景[9]。

　　金軟景的故事中我們可以看到，你認爲的弱點，有一天會成爲個人的專屬武器。因爲身材矮小，她國中時期在隊伍中只能當自由球員的經驗，有誰想像得到這也能成爲一種利器呢？在 5G 通訊的時代，不能用無線網路，玩遊戲也不方便的 2G 手機在韓國還有存活空間，優勢就在於它的功能不複雜，可以排除「所有會讓精神散漫的因素」。智慧型手機登場後，任誰都沒料到，高三考生與公職考生這個爲數不少的族群，會爲了專注放棄新潮的智慧型手機，反而選用舊型的 2G 手機。

　　接下來，我們會觀察 MBC〈Radio Star〉如何以 5 分鐘單元的缺點，當作自己的武器，讓「B 級娛樂[10]」在電視媒體上獲得肯定，以及〈Radio Star〉如何錯過退場時機，成了被批判的對象。

---

[9]　金軟景（김연경），南韓女子排球球星，球技全面，曾帶領韓國在 2012 年倫敦奧運奪下第 4 名佳績。金軟景國中只有 160 公分，直到高中抽高 20 公分才成爲場上的主力球員。

[10]　在韓國，主流口味之外、非檯面上的另類做法常被冠上 B 級稱號。B 級娛樂指依照次文化的狂熱者、宅男宅女等族群的喜好製作，或是充滿無厘頭笑料的節目。

沒有座位的咖啡店 vs.
只能播 5 分鐘的脫口秀

　　SWATCH 手錶品牌隸屬 SMH 集團，創辦人尼古拉・海耶克在高價產品氾濫的手錶市場中，推出能以低廉價格享受「瑞士製造」的休閒品牌 SWATCH。他還相信，精巧有型的汽車也有市場，於是和戴姆勒集團聯手推出「SMART」汽車品牌，1998 年在歐洲推出第一款車款：雙人座的輕型車「City Car」。產品的市場反應不壞，卻無法克服消費者認為無後座的汽車有所不足的想法，於是，他們擴充生產線，在 2004 年發表了四人座汽車「forfour」，結果卻相當悽慘。

　　從 2003 年到 2006 年為止，SMART 虧損了 40 億歐元。公司趕緊收掉 forfour 的生產線（2014 年才推出挽回的第二代 forfour），SUV 休旅車「formore」的生產計畫也隨

之落空。因此又以雙人座汽車再次回到戰場。

可是因小巧、設計精美的理由願意購買雙人座汽車的消費者，已經購買 City Car 了，若要讓銷售再次成長，就要說服另一群將後座視爲優點的消費者。SMART 和 SMH 集團結束合作關係後，2006 年在市場上發表了改名爲「fortwo」的第二代 City Car，推出了一支罕見的廣告。廣告影片集合了黑幫電影、恐怖電影、動作片的元素，配上滑稽的背景音樂，劇情是汽車後座裡躲了要暗殺駕駛的刺客和連續殺人魔，最後畫面上出現了這句廣告文案："No backseat. Smart fortwo."（沒有後座，才是聰明的 fortwo）

當然，這則廣告走了惡搞路線，但是對於將後座視爲優點的消費者而言，他們還是接收到了訊息，看到另一種角度的思考。廣告上說「我們的車沒有後座，因此不會遇到這麼恐怖的事」影片因爲殺人場面在許多國家遭到禁播，同時也在 2007 年的坎城國際廣告節獲得銀獅獎，讓許多人對 SMART 的 fortwo 留下深刻印象。

將「弱點」轉換成「原始特色」

接著是在韓國的案例。一個無處容身的貧窮舞台劇演員，因為不夠租屋錢，租了一間老舊商場的狹窄店鋪，開了一家咖啡外帶專賣店。店鋪是住處也兼做生意，店內沒有擺放桌子的空間，只有天氣好時老闆才會在馬路上勉強放一張桌子和幾張凳子。因為店內連坐的空間都沒有，老闆索性把店名取為「Standing Coffee」。沒想到，表明要人「站著喝」的咖啡店、沒有任何包裝、再加上粗糙感裝潢，這樣的態度反而成為一種「時髦」。再加上咖啡的檔次夠（還有特製檸檬汁，以及俐落的員工），Standing Coffee 搖身一變成為梨泰院一區經理團路[11]的象徵性存在。

我們常會費心想要隱藏被社會基準視為弱點的部分，或者至少是費盡心思地想要如何補強。因為我們深信的生存法則是：即使沒辦法先領先，至少也要和別人在同等條件下起跑。

如前面舉例的 fortwo 和 Standing Coffee。沒有後座的 fortwo、沒有喝咖啡空間的 Standing Coffee，二者都直接坦白缺點，將缺點轉化成原有的特色。這些案例展示了

---

[11] 路名。風格獨具的咖啡廳與餐廳的進駐讓此街道成為用餐熱門地點。

另類的企劃思維：不勉強自己加入與其他人相同的競爭條件，而是將屬於自己的特性當作武器，由自己來主導競爭。

「因為沒有什麼可以失去了！」
看〈Radio Star〉的崛起

在綜藝影視企劃中也有類似的案例。MBC《黃金漁場》的短篇單元〈膝蓋道士〉，因為風格獨具，成為《黃金漁場》的中心單元，最後發展成單獨的脫口秀。[12] 然而在此期間，節目的其他單元依然和收視率苦戰，在此期間登場的單元〈Radio Star〉[13]，初期其實相當慘澹。主持群包含金九拉（曝光度增加，好感度卻下降的代表）、申政煥（《黃金漁場》的元老，但是參與的單元逐一消失），還有被稱為《黃金漁場》黑歷史的〈武月館〉單元裡的尹鍾信。沒有人認為這

---

12 〈膝蓋道士〉以本土化的角色塑造、沒有沙發的新訪談形式、姜鎬童和嘉賓的近距離犀利訪問等元素，創造了全新的談話節目風格，《黃金漁場》有段時間將節目名稱更改為《黃金漁場：膝蓋道士》。

13 〈Radio Star〉的企劃概念是「看得見的廣播」，主持人就是ＤＪ。節目剛播出時因為受到招牌單元〈膝蓋道士〉的排擠，有過被稱為「5分鐘節目」的恥辱期，自2011年姜鎬童中斷活動後〈Radio Star〉才開始崛起。

個組合的單元能夠長久。主持人申政煥在第一次播出就挑明了說：「我希望這個單元能撐兩個月！」首集出場來賓的鄭亨敦，看到忙著鬥嘴的三位主持人，也曾無奈說道：「這個脫口秀來亂的⋯⋯」。

這樣一個奇怪的脫口秀，結合了無法讓人產生好感的主持人組合、主持人不斷插嘴的鬧劇感、無法好好消化每集該問的問題等缺點。再加上每當〈膝蓋道士〉單元邀請了重量級來賓，原本播出時間應該有 10 到 20 分鐘的〈Radio Star〉，常常會被刪剪成只有 5 分鐘，還分成兩次播放。

〈Radio Star〉企劃人員卻反其道而行，把被詬病的缺點當成武器，塑造出「沒有基本內容的秀」的形象，反而可以輕鬆拋出其他脫口秀無法帶到的辛辣尖銳的問題，樹立了節目的獨特色彩。實際上，單元被刪成 5 分鐘不到的集數並不多，但是企劃中卻讓主持與來賓不斷刻意提及「5 分鐘節目」這件事，借此建立「我們沒什麼可失去了」的形象。多麼艱辛的 5 分鐘！這短暫的播出時間本身，成了節目的幽默心臟。〈Radio Star〉的獨特色彩，正是從一般脫口秀的缺陷處出發。

將弱點變成武器的方法

要想在競爭下存活,當然不是單純地「將弱點視為武器」這麼簡單。不管是 fortwo 或是 Standing coffee,兩個案件的共通點是都擁有適合發展此弱點的背景(擁有小型車市場的歐洲、孕育青少年新文化的梨泰院地區[14]),也都想出了將概念精準傳達給消費者的方法(借用恐怖電影元素的廣告、洗鍊的招牌)。企劃手法的重點是將弱點變成武器,但不代表不需要彌補不足。1968 年就開發出 Post-it 便利貼接著劑的 3M 公司,直到 1980 年才克服公司內部的質疑,開始生產便利貼。中間歷經了噴霧型接著劑、製作有黏性的公告欄等概念,但最後若無法將概念強化、收斂為「讓

---

14 梨泰院位於漢江北部的龍山區,鄰近首爾火車站與明洞。早前曾為美軍駐軍處,之後發展成具獨特氛圍的複合文化區。

便條紙本身可重複撕黏」的想法,就沒有今日的成功。

背景適合嗎?

〈Radio Star〉就是「毒舌、雜亂無章、B級娛樂、播放時間短」的秀,進一步來看,這些正是讓節目受歡迎的優點。〈Radio Star〉正因為改進了其他弱點,以此為後盾,才能實行「把握時空背景-找到將弱點轉為武器的方法-實際將弱點當作武器」的戰略。

首先來探討時空的「背景」。當時《黃金漁場》主要單元〈膝蓋道士〉,提問的內容逐漸從辛辣、B級娛樂風格的問題,轉變成談論深入話題。對MBC來說,電視台自從《李文世的綠洲》(2005年)後已經很少有重振一對一正宗脫口秀的機會,自然會想要抓住。而原本喜愛〈膝蓋道士〉尖銳風格的觀眾,也正自然地轉移到〈Radio Star〉。

一個主持人的話比來賓還多的脫口秀。這樣的模式雖然新,但製作單位其實有其他成功經驗可參考。就像KBS的遊戲節目《MC大對決:危險的邀請》(2002至2003年),觀眾對主持群被吐槽的興趣,遠遠高於對於來賓分享的故事。

〈膝蓋道士〉也曾發生過主持群姜鎬童、劉世允、宇勝民三人自顧聊天,將來賓晾在一邊的場面。此時MBC的《無

限挑戰》，開始讓大眾接受綜藝節目「只要我獨活的大利己主義」風格，吵雜、話多、無數對話框、晾著來賓，主持群經常離題，這些很明顯地不是理想的脫口秀演出形態，但是當時大環境正好就處於可以接受塞滿這些元素的綜藝節目的時期。

說服方式──
概念面＆技術面

有了適當的時空背景，接下來要思考如何將弱點轉成吸引點。應該有許多人記得，〈Radio Star〉草創期以「脫口秀連續劇」（而不是脫口秀）自稱，每一集都會以副標題作此強調。企劃將主持人設定為廣播電台的 DJ，讓單獨主持人的概念，與主持群吵架光景、突發狀況、出其不意的辛辣台詞等概念並行，以此為號召來說服觀眾。

還有，乾脆用電腦特效（CG）在畫面加上對話框，以「動態對話」方式展現主持人一來一往的拌嘴，並以「特寫鏡頭」秀出因主持人吵架而驚慌的來賓表情。這個節目從一開始就把重心集中在「主持人」身上。再加上，〈Radio Star〉在《黃金漁場》的占比不高，開玩笑的尺度也被默許放大。

為了讓弱點成為特點，節目持續提及「我們是 5 分鐘節

目」,以及對〈膝蓋道士〉的忌妒等,進行「弱勢者」的概念佈局。實際上,節目幾乎都可以播滿 10 到 20 分鐘,收視率也和〈膝蓋道士〉差距不大,然而〈Radio Star〉不斷重複自己是依附在〈膝蓋道士〉之下的節目,以弱者自居。觀眾一方面感受到〈Radio Star〉的寒酸(感)和競爭意識是刻意為之,一方面又因為節目特殊的辛辣風格而自然地接受一切。

在企劃上適當補足

　　製作小組並沒有完全放任主持人吵鬧。主持群隨時會互相攻擊的特色,讓人覺得刺激又輕鬆,但也有容易造成觀眾疲勞,失去焦點的危險存在。

　　為了抓住重心,企劃上要加入緩衝的人物(金國鎮)來平衡。在金國鎮適應節目的期間,他「無法脫離失敗和離婚衝擊的人、上個世紀的人」的形象,確實產生了緩衝作用。等適應期一過,金國鎮就以綜藝大哥的重量感掌握了節目的重心。在 Super Junior 神童離開、金國鎮加入後,曾有人擔心節目的刺激感不再,然而,就像微量的鹽可帶出食物的甜味,由金國鎮站在保守立場,其他 3 個主持人反而更行動自如。

不隱藏我是第二名，
不忘記我曾經是第二名

「《黃金漁場》招牌單元〈膝蓋道士〉裡的「放肆道士」世潤結婚了。你有去參加婚禮嗎？」
「我那天要錄情境喜劇，去不了。」
「我跟去錄了那齣情境喜劇……」
「我有活動所以沒去。」
「我故意找事做，不去。」
「一樣是《黃金漁場》的節目，我們卻是競爭對手？」
「說真的，我原本還不想包紅包。」
「那組成員的婚喪喜慶，我們一起抵制吧。」
——《黃金漁場》第 142 集，2009 年 6 月 24 日，〈Radio Star〉開場白

〈Radio Star〉實際上承襲了〈膝蓋道士〉的尖銳訪問，

兩個節目概念互補，不僅共用製作團隊，也是生死與共的命運共同體，然而〈Radio Star〉卻不斷針對〈膝蓋道士〉強調自卑感和競爭意識，只要遇到機會就會提到「我們這個 5 分鐘節目的屈辱」。以低於實際地位的寒酸單元自居，借此擁有辛辣風格這塊免死金牌。在不斷挑戰冠軍〈膝蓋道士〉的形象下，建立起地位。2010 年〈Radio Star〉的主要編劇黃善英在《10 Asia》的採訪中表示：「我們想要打造的，是可以讓快被遺忘的音樂家或罵人精等演出者都可以被極大化的談話單元（笑）。如果說〈膝蓋道士〉是大企業，那我們的起步就是一間小店，因此還可以賣一些連姜鎬童都不能賣的問題。」

當節目具有一定的地位，創下了與〈膝蓋道士〉旗鼓相當的收視率，後來姜鎬童引退，《黃金漁場》讓〈Radio Star〉單獨播出 70 分鐘，〈Radio Star〉的地位自此穩固。〈Radio Star〉不斷地以主持人的恥辱為武器，踩低自己，並用「高品格」這個單字來形容自己的沒格調。不再是弱者的〈Radio Star〉，為什麼還以萬年弱者的角色自居呢？

不隱藏自己是第二名的品牌策略

1962 年，美國租車業萬年老二 AVIS 為了超越第一名的 Hertz，打出了「We try harder」廣告戰，至今被視為行銷界的傳說。廣告文案「第二名的我們更認真」是當時少見的切入點。在這之前，沒有企業的廣告會直接說出自己是第二名。坦率告白自己是第二名的果敢態度，再加上「為了追上第一名，所以會更努力」的論述，刺激了大眾支持弱者向強者挑戰的心理。這個成功的行銷策略讓原本 61％：29％的市占率差距急遽拉近，在 1966 年達到 49％：36％。感受到危機的 Hertz，1966 年開始以「AVIS 在過去幾年說 Hertz 是業界第一名，現在我們就來說明理由」的廣告回應，抑制了 AVIS 的上升趨勢，在 Hertz 持續宣傳之下，從 1969 年起，兩家市占率的差距被固定在 48％：35％左右。

百事和七喜的策略也很類似。長期以來向可口可樂挑戰的百事和七喜，瞭解比起要超越可口可樂，更重要的是策略性地穩固自己的市場占有率。從 1967 年起，七喜展開了「The UnCola」的廣告戰役。「如果你想尋找可樂以外的飲料，那就是七喜」的策略，讓消費者在可口可樂之後自

然會想到七喜。百事則瞄準了可口可樂的悠久歷史，持續強調自己是「年輕的飲料」。

百事從 1960 年代起借由「想起年輕就是百事」、「你是百事世代」等標語來對抗可口可樂，1980 年代啟用了當時最頂尖的流行明星麥克‧傑克森等年輕代言人，並提出「新世代的選擇」的文案，以飛快的速度侵蝕了可口可樂的市占率。備受威脅的可口可樂，一開始跟隨百事的策略，於 1985 年在市場上推出「新可樂」代替了原本經典的可口可樂，卻因此差點被奪走第一名寶座。於是，經典的可口可樂在 1990 年以「Can't Beat The Real Thing」（無法贏過真的）的廣告詞重返市場。有些時候，表明自己是第二名、或是自己正在對抗更強的競爭者這件事，在品牌定位上是相當有幫助的。

不要忘了曾是第二名

強調自己是第二名的品牌，在和第一名拉近差距時，偶爾會產生宣示奪下第一名的衝動。

在「The Uncola」廣告戰役嘗到甜頭的七喜，從 1978 年「America is turning 7 UP」（美國因七喜而更好）的廣告後，成長趨勢開始銳減。這個策略和過去的策略正面

矛盾，未能取得預期效果。在「第二名的我們更認眞」之後，AVIS 於 1971 年推出「想當第一名」的標語，這則廣告是爲了回應業界第一名 Hertz 的「我們是第一名，現在就來說明理由」，但也讓品牌市占率迅速下降。當不斷追擊第一名的挑戰者形象想要轉換方向，在著急宣示勝利的瞬間，就會讓支持者的熱情消退。

〈Radio Star〉能成功就是因爲它沒有犯下這樣的錯誤。在〈Radio Star〉成爲《黃金漁場》唯一的倖存者後，沒有輕易拋棄「我是 B 級」的自我貶低路線。即使成爲電視台深夜脫口秀的王者，也不輕易做出勝利宣言。〈Radio Star〉沒有忘記自己是以什麼樣的概念得到觀衆青睞。在維持原有概念的同時，慢慢地拓展形象，才能確保今日的地位。善用弱點，弱點就能成爲你的武器。

當你占據了有利的高點，如果立刻捨棄弱點，改採強者的武器，那麼情況會再次產生劇變。因此，至終都不能忘記，當初自己成功的原因是什麼，並讓它成爲你專屬的武器。

得到後，懂得取捨：
Galaxy Note 的企劃策略

　　以下是韓國三星手機的廣告內容。為了購買新款智慧型手機，馬路上排了長長的隊伍，排了數小時的消費者不改一臉期待。「聽說這次推出的螢幕很大」、「聽說耳機孔改到下方」、「這次 USB 接頭的規格改了？」、「對，可是好像會是歷代最棒的轉接器」。在排隊人潮前，有兩個用三星 Galaxy S3 的人經過。排隊的人看到兩名男人用手機互碰，好奇地問：「你們剛才在做什麼？」、「沒什麼，只是交換播放清單」、「只要用手機互碰就行了嗎？」、「嗯。」這個時期的三星 Galaxy 以「連 iPhone 都沒有的功能」來展現產品優勢。

　　展現和其他廠商的比較，通常就是第二名的策略，因為第一名沒有必要提到第二名的存在。如果，一路追著第一

名,並且在最後超過第一名的話,還要強調「我們曾是第二名,現在超越了第一名」嗎?三星緊追在 iPhone 之後,上市 Galaxy 系列,接著為了趕上 iPad 而在短時間內開發出 Galaxy Tab,在超越 iPhone 之際修正了策略。因為不再處於追隨的處境,三星悄悄地推出 Galaxy Note,另闢了大螢幕智慧型手機的市場。[15]

賈伯斯曾說:「手指就是最優秀的觸控筆」,但是三星在結合長期以來被遺忘的觸控筆配件後,獲得手機市場的成功。這看起來雖然是嘲笑蘋果最好的題材,但三星並未這麼做。此時若是追隨第二名時期的策略,選擇攻擊蘋果,就會讓萬年老二的形象揮之不去。不忘記曾經是第二名,和當上第一名之後仍然維持第二名策略,這是截然不同的兩種思維。

並不是成為第一名後,還要像第二名一樣行動

那麼〈Radio Star〉又是怎麼做的呢?它爬到第一名後,不隱藏曾經是第二名的事實,也不曾忘記。

---

[15] 編注:Galaxy Note 7 在 2016 年下半年發生自燃與召回事件前,一直是三星的旗艦手機。此文撰寫時事件並未發生。

《黃金漁場》〈Radio Star〉維持原來的風格，爬到了頂尖的地位。問題是，從確定成為第一名後的某個瞬間起，這類（邀請明星來賓以職業和私生活為素材的）脫口秀節目裡，再也沒有超越〈Radio Star〉的節目出現。脫口秀的綜藝型態本身正在消失。

不過才幾年光景，MBC《來玩吧》、KBS《乘勝長驅》、SBS《強心臟》、KBS《月光王子》、SBS《話神》、MBC《黃金漁場》〈膝蓋道士〉、KBS《Healing Camp》等脫口秀節目陸續停播。《黃金漁場》的 5 分鐘單元〈Radio Star〉，現在成了名副符其實的 70 分鐘《Radio Star》。電視台有不錯收視率的脫口秀只剩下 KBS《你好》、MBC《Radio Star》和 KBS《Happy Together 3》。不過，KBS《你好》的主題是幫一般觀眾解決煩惱，並不適合放入相同的範疇內評比。而 KBS 的《Happy Together 3》在朴美善和申奉仙離開、全炫茂遞補上後，變成了模仿《Radio Star》的脫口秀了。不知不覺間，《Radio Star》成了深夜脫口秀中維持自己的風格還能成功的唯一倖存者。

那麼，從《黃金漁場》〈Radio Star〉到以《Radio Star》自立，這個時候面對的問題變成：當成為唯一後，你應該改變態度嗎？

答案是應該,也不應該。《Radio Star》已經不太適合主持人以自我貶低來搞笑。

金九拉在韓國綜藝界的地位名實相符,具有一定的影響力;金國鎮和姜修智戀愛,脫離了離婚男的形象;尹鍾信在這段期間成為 Mystic89 這家大型演藝公司的老闆,也製作了《月刊尹鍾信》的音樂特別企劃,再次奠定了歌手地位。繼申廷煥、金希澈、劉世允之後,留在老么位置的圭賢,除了要去當兵的事,已經沒有可以拿來數落的題材。

無論是節目本身,或是主持群的個人履歷,都不像之前那麼悽慘。《Radio Star》於是改採不再隱藏的第一名姿態。金九拉開始動不動就說他們訓練出的人才被拉去《無限挑戰》,誇自己慧眼獨具,或是要求來賓展現個人技,舉演員朴娜萊和搞笑主持人梁世炯在《Radio Star》後展開名氣的例子,強調:只要跟著這節目就沒問題!

一貫的表演方式就是對演出者無禮、大尺度開玩笑的《Radio Star》,在 5 分鐘的節目時期,或是還有其他許多脫口秀可選擇的時期,這種態度能夠取得正當性。即使被攻擊,也能端出「反正我們就是不怎麼樣的弱者」來回敬,因此這個時期裡,主持人和來賓互嗆,或來賓拒絕主持人要求的態度都是可以接受的。

但是，在節目意外地成了權威後，《Radio Star》依然不改對來賓的無禮。於是，上下位置和自嘲模式都開始失靈。原本是主持人和來賓在相同高度互相調侃的無禮，突然變成主持人從高處看待來賓的無禮。主持群在要求來賓表演或分享故事後如果不滿意，還會公然訕笑。雖然收視率穩定，但抱怨或抗議節目的觀眾卻越來越多。若企劃者並不是打算用「noise marketing」[16]的行銷方式來博得高收視率（然後下台），這並不是好的訊號。

第一名有第一名適合的語言

就如同百事或AVIS的例子，在尚未成為第一名之前，草率地說自己是第一名的品牌會損害自己在大眾心中的形象。但是，在成為第一名之後，依然採用第二名的策略，長期而言也有損品牌價值。

極端的範例，讓我們以2016年美國大選意外獲勝的川普為例。

當時，川普在共和黨的競選中脫穎而出，被指名為候選

---

16 為了宣傳商品，刻意製造各種話題以引起消費者的好奇心，常用在短期增加知名度時。

人，在民主黨候選人希拉蕊身後追趕的時期，他到處發表激進的言論。川普說：「如果我當選總統，要把希拉蕊關進監獄。」「看到丟番茄的人（指反對川普者）就用力打，律師費由我來出」、「要驅逐非法移民」，他的言論每回都引起軒然大波。甚至在被問到如果敗選是否會坦然接受時，他也回答「到時候再說」。

連這樣的川普，在勝選演說時也做了表情管理，並顛覆了他先前說過的話。「希拉蕊為了美國，長久以來認真奉獻。」「我們要感謝她對國家的作為。」「先前不支持我的人，請給予我指導和合作，讓我們一起合力統治這個偉大的國家。」「我們追求的不是敵對，而是共同點；不是紛爭，而是夥伴關係。」這樣的言論和他之前的言行完全不符。美國政治脫口秀《每日秀》的主持人特雷弗‧諾亞曾作此嘲諷：「（勝選演說中的）川普有品味且謙虛，還很有人情味。如果那個謙虛的人在選舉時出來選，他也會輸給川普。」

當然，就任之後，我們發現他的勝選演說並非真心，川普再次採用第二名的語言和策略，讓美國走向分裂之路。不過，在此我們見到清楚的教訓，就連以極端民粹主義為武器勝選的人，一旦爬到第一名的位置，還是會留意且顧忌自己的發言。因為，第一名有適合第一名的語言。

第一章
第二名的勝利法

CH2 如何扶正歪掉的企劃

1

快速接受反饋

對於自己製作的戲劇或綜藝節目,要不要接納觀眾的反饋意見,一直是個重要的問題。有人認為接受意見代表失去自我判斷,然而避開令自己不悅的評價卻會形成更大的問題。

所有自己構思,也全力以赴執行的企劃,很難由自己發現缺點。本章會討論韓國綜藝節目中接受觀眾或專家反饋意見後取得成功的一些作品,以及相反的幾個案例。例如,2016 年一整年都在討論的「100％事前製作連續劇」,為什麼會失敗?生存綜藝節目《The Genius》收到了無數批評和抗議,又是如何生存下來?SBS《星期天真好》《Running Man》成為國民綜藝前經歷過哪些爭議、克服了哪些劣勢?

反饋的「黃金時間」

　　英美的連續劇皆採取事前製作，韓國連續劇則是直到最近都還是用幾乎可以稱為直播的方式在製作戲劇。大部分的電視劇在正式播出前，會先製作好 2 至 4 集，但到了連續劇播出後的中後段時期，就很難避免「早上拍攝、下午剪輯、晚上播出」的恐怖行程。造成這個現象的原因很多，例如劇本很慢才出來、演員的時間無法配合等等，只要一個環節稍微拖延，就會變成只要能在播出時交出影片就好的惡性循環。

　　現實情況就是如此，先不論品質如何，這樣的作業方式對工作人員造成的壓力不可小覷。「韓流」一詞的背後，有多少過勞或意外喪命的工作人員、臨時演員的犧牲？我們的演員三天沒睡的故事並不稀奇，粉絲集資送行動咖啡車到攝影現場的畫面也很稀鬆平常。

為什麼,韓國的戲劇無法完全進入事前製作的模式呢?從基層工作人員到資深演員,第一線的從業者長期以來要求事前製作,卻不被接納。回應經常是:「這要多花多少錢你知道嗎?」

100%事前製作

然而,中國的市場改變了韓國戲劇的狀況。在這個史上最大的市場,只要能夠吸引1%的人口就相當於擁有了千萬名觀眾。韓流在日本的熱潮已經不如以往,東南亞的市場也衰退,對於海外銷售面臨窘境的韓國製作人而言,中國就如同流著奶與蜜的應許之地。然而,想要正式踏入這塊應許之地,要經過中國當局嚴苛的事前審閱,中國的著作權管理漏洞卻又造成阻礙。連續劇在韓國播出後還不到四個小時,上了中文字幕的影片就已經被上傳到中國各大入口網站。

於是製作人只好拿出100%事前製作這張王牌。然而,要在播出之前先在中國售出版權賺錢,相對地,所有的製作就要在「能快速通過審查」的意識下進行。

「拒絕臨時寫出來的劇本,要求全劇事前製作!」這是以資深演員李順載老師為首的無數現場人員的呼籲,但最後

得到改變卻不是因為對或錯，而是因為市場法則。許多人對此難掩失望，但也充滿期待，希望自己的工作完成度、勞動強度能夠合理化。如果按照眾人所想，2016 年應該會成為連續劇事前製作的光榮元年。

「應該會成為」，結果如大家所知，並非如此。2016 年初，在一片樂觀的氣氛下，站上第一打者位置的 KBS《太陽的後裔》揮出陽春全壘打。在中國市場受歡迎的宋慧喬和宋仲基，還有票房不敗的金銀淑編劇的結合，彌補了無數的美中不足也突破了國粹主義，相當具有威力。該劇播放前，就以每集 20 多萬美金的價格賣出中國（同步網絡播放）版權，在東南亞也熱賣。

只談商業的作品，一定會在商業上失敗

《太陽的後裔》的成功，讓 KBS 樂觀地認為《任意依戀》也能掀起同樣熱潮。事前製作需要大量資金成本，因此要充分確保票房，就像《太陽的後裔》一樣，《任意依戀》的男女主角、編劇看起來都很值得信賴。有最亮眼的青春明星金宇彬和秀智主演，還有《對不起，我愛你》的李慶熙編劇加入。「李慶熙的通俗劇劇本不會有點老哏嗎？」雖然有這樣的聲音出現，但大家依然樂觀：「沒關係，中國市場

和韓國市場的喜好大概有 5 年時差！」

那些認為不需要擔心的人，在戲劇播出之後都受到了驚嚇。這部戲的粗糙劇情、莫名的角色設定等，讓收看變成一種折磨。豈止 5 年，這應該是 15 年前的觀眾喜好，今日的觀眾當然會轉台。同時期的競爭戲劇有 MBC 的《W》、SBS 的《嫉妒的化身》，大家何必一定要看《任意依戀》呢？當初野心勃勃的《任意依戀》，就這樣落寞退場。

到了此時，業界看 SBS《月之戀人－步步驚心：麗》的視線也變得惴惴不安。由李準基、IU、姜河那、南柱赫、徐玄等明星主演，再由《那年冬天風在吹》、《沒關係，是愛情啊》的金圭泰導演操刀，原著還是中國最暢銷的故事。集合了這些元素，如果還搞砸的話怎麼辦？不安的氣氛在開播前就籠罩著電視台。

果然，支線過多導致劇情拖沓，讓同時期上檔的 KBS《雲畫的月光》取得了壓倒性的勝利。不論是想看《步步驚心》翻拍成果的中國粉絲，或是衝著演員收看《月之戀人》的韓國觀眾，都在感嘆自己忍受這個作品的不易。

其實，搞砸的原因很簡單，就是當初「以回收成本、確保收視票房優先」的想法。這樣的想法，自然會排擠提升作品完成度、充實作品內容等要求。

近年來李慶熙編劇的作品不如以往，已經是公開的事實，而鉅額投資的大型製作，收視通常必須要由主角來扛，這兩部戲劇卻是將責任交給演技未受到認可的 IU 和秀智。再加上，金圭泰導演在前作早已充分展現的風格——太過度特寫主角的臉，也是敗筆之一。

　　整個團隊裡，一旦非要「熱賣」的想法，超越了「要製作出好作品」的想法，即使是看似完美組合的事前製作連續劇，也會如此沉淪。

商業面之外的即時反饋

　　實際上，有無數的連續劇會在戲劇播出途中，配合觀眾的反應改變走向。即使是完全事前製作，若能除了商業性層面外，可以在製作過程中採取更多的中途內部試映，摸索出改善方向，或許就能避免上述的情況。

　　2016 年的 100％事前製作連續劇，在播出時並沒有反饋的機會，事前也不顧及針對編劇、演員、導演人選的疑慮，或是檢討陳腔濫調的劇情。如今再遇上結冰的韓中關係，中國媒體市場對韓國影視的冷卻期。這樣的學費，實在太昂貴了。

忽略網路的聲音：
《能吃的少女們》

打造絕佳的企劃，前提是要能持續地改進想法、修正錯誤。若是遇到明顯的錯誤卻堅持「這是我們的特色」執意前進，通常想要修正時都為時已晚。2016 年得到負評的 100% 事前製作連續劇，是我們不能遺忘的歷史。

來看看標榜結合女偶像歌手與吃播節目的 JTBC《能吃的少女們》。2016 年 6 月 15 日該節目在 Naver V APP 上網路直播，出現了過於煽情、虐待參加者等輿論。

然而 JTBC 卻選擇在不做任何刪減或再次錄製，在 6 月 29 日正式播出《能吃的少女們》。網路直播和節目正式播出之間有近兩個星期的時間，製作單位把直播後的指責當成噪音，只等待著正式播出後的反應，因此面臨了更強烈的批判。

《能吃的少女們》在播出兩週後，決定全面重整。節目改為吃播脫口秀《我要開動了》，然而失去信賴的節目已經無法起死回生。

不聽勸的男人的下場：
《我是男人》

還有一個案例，就是劉在錫的失敗作之一，2014 年的《我是男人》。《我是男人》從主持人到現場觀眾，清一色是男性，這樣的組合讓男性幼稚的一面，也受到「男人們」的氣氛包庇。

節目沒有跟著時代進步，《我是男人》只會把女來賓稱為「今日的女神」，介紹男觀眾的故事時總是仰賴沒營養的笑話來填時間，就連鏡頭的運作也意圖不明，當攝影機拍攝觀眾時，常常讓人搞不太清楚這是純粹的畫面捕捉，還是在嘲笑觀眾。

這樣的完成度讓人質疑，於是 KBS 提出「季播脫口秀」的條件，讓《我是男人》成為正規節目。當初這個判斷，一是相信愛看電視的 20 至 49 歲的女性消費族群會想要知道男人聚在一起都會討論什麼，另一個原因，就是相信劉在錫的主持能力。

節目經過四個月的試播,到了第一次正式播出,仍然讓許多人扼腕。試播時的缺點完全沒有被修正,節目還是徹底的男性本位設定,沒營養的玩笑也依然沒營養。四個月的時間,若是收到反饋就進行修改,時間絕對充裕,然而製作團隊除了增加權五重這個成員,並沒有做任何改變。《我是男人》收視率與評價都落入谷底,在後半時期雖然邀請了女性觀眾,製作出得到好評的女性特輯,也無力回天。

針對同志婚姻議題,
義大利麵 Barilla 大廠 CEO 的危機處理

承認缺點或錯誤,短期而言是弊,長期來看卻是利。接下來要說的故事就是很好的例子。2013 年 9 月,世界最大的義大利麵廠商 Barilla 的 CEO 奎多・巴里拉(Guido Barilla)在電台採訪中,表明了不讓同性戀情侶出現在自家公司廣告的立場。

「同性戀者不會造成傷害,有權利做任何事,這一點我尊重。可是我和他們看世界的角度不同,我認為的『家庭』是傳統(異性伴侶)的家庭。如果我們的政策讓同性戀伴侶感到不舒服,他們可以去買其他公司的商品。」

這個排斥同性戀的言論引起了軒然大波。「他說覺得不舒

服就不要買，那我們當然要拒買。」一夕之間這樣的言論傳遍了義大利各媒體。隔天，奎多・巴里拉在公司網站發表了簡短的致歉文。

「我對於自己的言論引起的混亂、誤會、或是傷害，致上由衷的歉意。不過我要強調，對任何人我都給予一視同仁的尊重。我尊重所有人，當然也包括同性戀者，有表現自己的權利。再次強調，我尊重同性婚姻。在我們的廣告中，Barilla 代表家庭，接受所有人才能成為真正的家庭。」

然而混亂沒有平息。致歉文中卻沒有說明為什麼不讓同性戀者演出。一週後，奎多・巴里拉在網路上公開了道歉影片，這次的論點稍微改變。

「在這次針對『家庭』概念的進化的激烈討論中，我清楚看到了自己有許多地方需要學習。我決定下星期要與最能代表家庭未來面貌的團體會面，他們當中有的人因為我的發言而受傷……」奎多・巴里拉以對話及傾聽，代替流淚、道歉，或是說出「我會繼續努力」這種模稜兩可的話。

到這時為止，還有許多人認為這只不過是執事者為了度過危機的場面話，然而在那之後的 Barilla 確實迅速蛻變。同年 11 月，奎多・巴里拉因為和性少數群體面談後的反思，決定成立跨公司的「多元性、包容性委員會」組織。

此外,提供員工性別與性的相關課程,並建立防止性傾向歧視的體制,對於性少數群體的員工伴侶,也提供和異性戀員工家人一樣的福利與健保。

問題發言發生的一年後,Barilla 被美國最大的性少數人權團體——人權戰線(Human Rights Campaign;HRC)評為「最優秀的性少數群體友善企業」。

《The Genius》的聰明之處

韓國的電視圈中,能夠像 Barilla 一樣快速接納反饋、克服危機的案例之一,就是 tvN 的《The Genius》。這個綜藝節目讓參賽者每週進行心智對決求取生存,一開始就被認為抄襲了日本的連續劇《LIAR GAME》,引發極大的爭議。再加上,第一季「禁止暴力和偷竊」的規則在第二季中竟然被默默取消,引出更多的問題。

後來,製作單位的公正性也受到了質疑,在種種疑慮之下,《The Genius》卻能播到第四季,要歸功於製作單位針對意見做的企劃變動。例如在第三季,每次遊戲開始前,節目會先將寫了淘汰者項目的密封信封,在大家的監視下放入金庫,粉碎黑箱作業的疑惑。

當然,《The Genius》無法說是成功的案例,但是它能

比聚集了女偶像首選的《能吃的少女們》或劉在錫的《我是男人》存活更久的原因，就是直到停播前忠實反映了觀眾回饋的態度，以及接受回饋的時間點掌握。

《Running Man》
的成功與失敗

《Running Man》在所有人的期待下出發，初次錄影的節奏感卻讓大家相當不安。在節目特色、角色還沒完全確立的狀態下，製作團隊就準備了 50 名市民的對決規模，選擇在韓國最大規模的購物中心裡進行遊戲。講求速度感的節目，以誇耀規模取代了速度感。遊戲的節奏卻顯得時快時慢，並不符合「不要走，用跑的」的精神。

《Running Man》在提升速度感上的檢討與做法

面對不理想的首播，製作團隊決定快速調整節目的節奏感。執行做法包括：

減少靜態遊戲的數量。

（第 4 集開始）在成員背後貼上提示。這個改變確定了

《Running Man》特有的撕名牌追擊戰形式。

（第 7 集開始）在鬼的鞋子掛上鈴鐺。這個做法是為了強化捉迷藏類遊戲的緊張與速度感。

追逐式的競賽，能夠自然形成主持群「強者與弱者」的構圖，弱者的結盟或背叛選擇也能讓所有的角色產生獨特形象與相互作用。因此，《Running Man》製作團隊不再每集更換遊戲項目，而是選擇每 4 個月固定推出鈴鐺遊戲。這個單元乍看幼稚可笑，卻具有能讓觀眾自然接受「劉魯斯威利」、「能力者」、「王牌」等角色位置的功能。

《Running Man》在初期所做的調整，到後來為自己贏得了意外的國際人氣。奔跑、追逐、逃亡、撕名牌的遊戲，與需要文化背景理解的地標介紹或拍照遊戲不同，它仰賴直覺與本能，也能超越語言和文化差異。

擁有穩定粉絲層後，《Running Man》在 2013 年 9 月的「尋找少女」特輯中進一步抓到了快速推出「反映粉絲意見的企劃」的訣竅。為了喜歡的藝人構思節目企劃的粉絲，加上將提議融入遊戲的製作團隊，這樣的企劃可以說是節目接受觀眾反饋的最高級形式，同時也能展現節目和粉絲之間的連結感。

快速回應卻犯下錯誤：
宋智孝和金鐘國的下車事件

　　一開始是跑太慢成為問題，沒想到後來企劃團隊卻因為「跑太快」栽了跟頭。《Running Man》在全亞洲得到高人氣的同時，為了讓更多海外粉絲容易投入，企劃上選擇了增加遊戲比例，縮減來賓交談與情境劇等元素。

　　這讓節目中鮮明的人物個性開始模糊。也就是，節目增加了速度，卻降低了密度。2014 年，韓國團隊將節目模式輸出到中國，為了協助中國版《奔跑吧兄弟》的製作，主要工作人員被電視台固定派往中國，當起空中製作人，此舉引起了更多韓國粉絲不滿。

　　2016 年上半期，節目製作的指揮棒被交給《Running Man》的助理導演李煥鎮、朴勇宇、鄭哲民製作人，也修改了長期以來的企劃，卻遲遲無法找回失去的國內觀眾。

　　雪上加霜的是，2016 年韓政府同意境內部屬「薩德」導彈防禦系統，造成中韓關係結冰，中國甚至發動高強度的「限韓令」[1]。《Running Man》面臨了播出以來最大的危

---

[1] 中國廣電總局 2017 年宣布全面抵制韓國娛樂文化等產業。限韓令不僅限制韓流明星代言，電影、戲劇內容也都下令去韓化。

機，中國粉絲無法繼續收看節目。

對此，製作團隊的解決之道是希望讓姜鎬童加入，企圖將《Running Man》改為劉在錫＆姜鎬童的雙強體系，卻在此期間犯下了最基本的失誤——在缺乏事前溝通的情況下單方面發表了宋智孝和金鐘國的退出消息，引發大混亂。

國內外觀眾難掩失望，尤其《Running Man》在韓國國內收視率低迷，幫助節目撐下去是廣大的海外粉絲，而海外粉絲對此的憤怒與抗議超乎了想像。《Running Man》是遊戲節目，卻也是靠著成員間的化學作用、累積的故事創造出來的人物秀，人的影響與地位並不比任何遊戲低。

製作團隊的作為，也讓姜鎬童在一天內就反悔表示不願意加入節目。《Running Man》計畫在 2017 年 2 月停播，希望能畫下完美句點。然而，此時製作團隊提出以每週放入成員想要項目的條件，與成員們達成和解。不信任在某個程度上化解，粉絲的惋惜聲浪也越來越大，這讓 SBS 再次改變立場取消停播。這個快速的決定，卻讓節目粉絲感到再度被欺騙。

當初以「快速」接受意見獲得驚人成功的節目，最後卻敗在了接受意見的「時機」誤判。

該傾聽的反饋 vs. 該忽略的反饋

前面分享了韓國綜藝、戲劇節目是否快速回應觀眾意見的命運關鍵點。然而，旁觀者下判斷容易，實際領導企劃的人卻總是無法輕易下決定。內部人士來看企劃，會有主觀意識認為自己更瞭解企劃，難以綜觀全局；若是接納意見，會不會反而讓企劃偏離了原來的目的，甚至是變質呢？

那麼，到底哪些回饋應該接受，哪些回饋應該忽略呢？

判斷標準一：公正性

不能忽略的反饋，首先是觀眾（消費者）針對公正性的反饋。大家都希望自己喜愛的文化、消費的商品、服務等都是基於公正性運作的事物，這是讓觀眾（消費者）接受並持續使用的基準。前面看過的案例，無論是製作生存遊戲時，失去最低限度公正性的 tvN《The Genius》系列，強行破

壞節目原則的《我們的日晚》〈我是歌手〉，或是破壞對演出者最基本的尊重的《Running Man》，都是因為危害到節目的公正性而失敗。

另外一個重點，是「公正」的範圍，會隨著時代與價值觀而改變。例如，若以 20 世紀的標準，執著於「正常家庭」的 Barilla 的選擇，不會遭來如此的批評聲浪；JTBC 輕率消費女偶像的《能吃的少女們》不一定會受到指責；或是《任意依戀》裡的男主角的戀愛觀，在二十多年前也不會構成太大的問題，然而在韓國「約會暴力」議題被提出檢討的 2016 年，劇情確實不合時宜。影視文化的企劃者或編劇，必須要時時觀察當代的價值觀和趨勢。

判斷標準二：目標是誰？

第二種不可忽略的，是針對目標族群（Targeting）設定的反饋。KBS《我是男人》將男人聚在一起，談論他們的生活點滴，試著透過節目實現男人俱樂部或網路男性論壇的氣氛。然而，對於男性觀眾來說，這是個不上不下的節目。電視上根本不可能進行男人在論壇裡實際會談論的話題，就男性論壇的使用者而言，他們沒有非看這個節目不可的理由。

《我是男人》將目標觀眾定為「20 至 49 歲的女性」，卻又讓這群人感覺被排擠。節目口號是這樣的：「只為男人的節目。女人別看！」製作團隊認為這個節目可以吸引想知道「男人聚在一起都會聊什麼」的女人。但他們忘了，韓國有那麼多讓男人聚集在一起聊天的綜藝節目，「只為男人的節目」沒有給目標觀眾任何強大的理由收看。結果就是《我是男人》無法吸引到任何目標收視群。

《Running Man》的情況又是如何呢？一開始《Running Man》瞄準國內粉絲，吸引到 10 世代至 30 世代的觀眾，那時候的《Running Man》是名實相符的週日綜藝王者。然而，當團隊核心人員離開去協助《奔跑吧兄弟》，《Running Man》的完成度也每況愈下。企劃團隊將目標收視群改為海外觀眾，改版後的《Running Man》以競賽為主，反而讓節目特色（人物秀）變得模糊。

判斷標準三：願景是什麼？

第三種不能錯過的，是針對節目願景的反饋。無論任何工作或企劃，只要遠景不明確，主軸便會隨著時間發展顯得模稜兩可。

讓我們來看另一個綜藝節目《星期天星期天之夜》〈熱血

兄弟〉的企劃問題。〈熱血兄弟〉在還沒確定自己的節目類型之前，因為阿凡達聯誼[2]的內容爆紅，選擇持續推出阿凡達聯誼和相關情境劇。

　　阿凡達聯誼的企劃中，會有固定的操控者重複登場，即興表演或談話也逐漸變成可預測的內容。節目若具有明確願景，可以以此為基礎嘗試其他單元，但是〈熱血兄弟〉在主軸與目標還不明確之前，就因此成了展現個人技的節目，沒有其他選擇。後來的〈熱血兄弟〉突然轉變方向，到鄉下學校去擔任一日教師，或成為孩子的一日父親等，讓人聯想到過去MBC的公益綜藝節目，也和前面推出的喜劇溫差過大。結局是，〈熱血兄弟〉沒有獲得第二次機會，遭到停播。

　　SBS《月之戀人－步步驚心：麗》遭到的批判也很類似。當初，金圭泰導演表示要將「長篇歷史劇」的原作壓縮成「迷你劇」的分量，卻又把所有演員當成韓流明星在拍。團隊縮減了故事展開的時間與空間，又不專注在主角的故事上，造成劇情無法展開。

　　最後，《月之戀人》無論在重新詮釋原作，或是譜出不同

2　指參加者戴上耳機，接受其他經驗人士的口頭命令來行動的聯誼方式。

風格的故事的兩大目標上都不及格。如果一個作品連想要實現的遠景都還不清楚就進入製作，就會產生這樣的結果。

　　反饋，會在企劃順利時出現，也會在不順利時出現。企劃者如何判斷反饋並回應，有時比初期的企劃更為重要。執行企劃時，毅力固然重要，但如果遇到質疑聲音時不妨停下來想一想，現在的企劃內容目標是誰？想達到什麼成果？做法或過程是公正的嗎？

2

越界，別給自己設限

　　幾年前,「廣泛涉獵」和「跨領域」是相當流行的詞彙。專家認為，許多獨立學科未來會跨界與其他領域結合，創造出新價值。例如，宗教學與原子物理學結合、腦科學和人文學結合、機械工學和藝術結合等，未來將出現全新的學問和產業。一切是否真如專家預測呢？

　　答案可以說是，也不是。深度學習[3]和雲端技術結合之下，人工智慧圍棋程式 AlphaGo 一再戰勝人類；大數據（Big data）和 GPS 技術結合之下，線上優化導航技術登場。

---

[3]　深度學習（deep learning）指讓機器學習，對數據進行更高層次、抽象的演算。

在科技相關領域，人類確實在跨領域的技術結合下，有了新的發現，但是在面對其他領域時，依然受到既定思維與慣性的牽制，難以離開原來的範圍。

本章節，就要來看看總是被要求「展現新創意」的電視綜藝，如何擴張範圍，大膽走向新領域的案例。

SBS 深度報導節目《想知道真相》打破以往報導類節目立下的體裁，在社會、宗教、未結案件的報導中積極導入「搜查連續劇」的「戲劇性」元素，成功提升了觀眾的投入度。MBC 的《My Little Television》，積極運用了原本威脅到電視生態的網路媒體做法，讓節目一躍成為韓國綜藝新寵兒。一起看看韓國影視文化的企劃人員如何迎戰固有觀念，以越界的思維，創造新的可能性與立足空間。

越界才有新視野：
《我的小電視 My Little Television》

2015 年初，MBC 沒有一個綜藝節目獲得好評。《我們的日晚》〈真正的男人〉過於美化軍隊生活《我們的日晚》〈爸爸！我們去哪裡？〉被同質的 KBS《快樂星期天》〈超人回來了〉擠下，第二季遭停播。

當 JTBC 的推出涵蓋政治、演藝、性、文化觀察等各種議題的綜藝脫口秀，tvN 也因為李明翰、羅暎錫、申元浩領軍的《花漾》系列和《請回答》系列達到新顛峰。相比之下，MBC 的綜藝顯得非常老套，只有《無限挑戰》勉強守住一角。再加上數位原生[4]世代比起電視，更喜愛用 APP 看直播

4　數位原生（Digital native）：指出生就在各種數位產品圍繞下成長的世代。

平台 AfreecaTV[5] 或 Daum TVpot[6]，且人數不斷攀升。可以說，不只是 MBC，電視台與綜藝節目都陷入了巨大危機。

此時，MBC 在 2015 年新年特輯推出的試播節目《我的小電視 My Little Television》得到成功評價，傳統電視台在意想不到的地方開啓了新未來。

網路直播＋電視節目，
前所未見的形態誕生

《我的小電視》將網路直播放入了電視節目。剛開播時，「無線電視向網路直播投降」的言論不斷，有人懷疑這是否代表身為強勢媒體的電視台，地位已經被下放。

《我的小電視》裡，明星自己就像直播節目的製作人，自己選題與演出（題材不會是一般的歌舞表演，而是更無厘頭的角色扮演、女偶像幫人洗頭、男偶像馴貓……），與其他明星的直播表演進行對決，由網友票選。

[5] 韓國的影音網站，原名為 NOWCOM。觀眾可至 afreecaTV 下載影音錄製軟體，並上傳自己的影片。
[6] 韓國最大入口網站 Daum 的影音 APP，可線上或下載收看各類節目及戲劇。2014 年 Daum 與韓國通訊軟體 KAKAO 合併，服務被併入 KAKAO TV APP。

這樣的內容，一則擁有直播節目能夠與網友即時溝通的優點，將數位原生世代的幽默直接帶入電視；另外，當電視綜藝擅長的電腦特效、剪輯與後製再加入，又讓節目與一般的直播拉大了差距。

《我的小電視》結合網路直播與電視節目的優點，創造了任一方都無法單獨呈現的精彩。

每個明星（團體）個別進行的直播，會由製作單位彙整成 70 分鐘的節目。這讓傳統綜藝節目的企製（只）擔任了像剪接或編輯的工作，對業界來說也是嶄新的嘗試。一開始，節目還在試播階段時，不少參與者單純帶著吃播秀的內容來參加，後來也逐漸往「特殊領域的專家」方向調整。

《我的小電視》後來在 70 分鐘的節目裡融合了各類型的演出者，各種主題的網路直播，讓電視媒體增加了多頻道聯播網[7]的新角色。電視，成了聯播網，可以說又有了雜誌的功能。

7　又稱多頻道網絡（Multi-channel network；MCN）指與視頻平台合作的組織。提供受眾拓展、內容編排、創作協作、數位版權管理、獲利銷售等服務。

擴張平台的邊界

選擇既不是選秀或一般綜藝的全新體裁,等於是讓傳統電視台推翻過去數十年來累積的棚內拍攝與製作的經驗。從廣播審議規則到表現方式,傳統的無線電視台,受到有別於有線電視、綜合編成頻道[8]的條約束縛,加上多頻道時代的激烈競爭,沒有條件再跟以前一樣花時間等待節目站穩腳步。

無線電視台傾向走安全路線,這讓助理導播能坐上製作人位置的平均年齡不斷拉高。《我的小電視》的朴謹恭製作人在接受網路雜誌《IZE》的採訪中還說:「『觀察綜藝』流行了一陣子,接著是『料理節目』再度盛行;我們就會在企劃案中看到許多相同類型的企劃。」這說明了電視台傾向選擇經過觀眾驗證後的綜藝趨勢。

近幾年來,無線電視台的製作人陸續轉戰有線電視或綜合頻道,除了薪資因素,無線電視台的保守製作環境也是一大原因。能打破電視固有領域的《我的小電視》,是在這

8　綜合編成頻道:指透過有線電視、衛星電視或寬頻電視播放的電視頻道類型。韓國目前有四大綜合編成頻道,包括 MBN、JTBC、Channel A、TV Chosun。

樣的環境下執行的實驗，其實路程相當艱辛。

無線電視台推倒了包圍住自己的牆，製造出缺口，將電視的領域往外延伸，拓展了電視平台的外緣。這不僅是無線電視頻道（舊媒體）一次成功的反擊，也大概指出電視台的未來方向。

不把同領域的領先者當成標竿，
反而擴張了陣地

2000年之後，代表韓國的時事節目是《製作人手冊》，其次是《追蹤60分鐘》，而比起這些節目《想知道真相》被稱道的事蹟並不多。

情況開始在2010年初發生變化。在肅殺的政治氣氛下，MBC最先被要求退場的就是時事節目，《製作人手冊》的製作團隊因為各種藉口受到懲戒、調職。

KBS的情況也差不多，《追蹤60分鐘》撤換了半數以上的製作成員，經常被強烈要求要刪除特定畫面。原本喜愛收看這類節目的人，自然轉向《想知道真相》。不過，此時的《想知道真相》在週六晚上11點播出，必須面對週六綜藝收視率冠軍的MBC《改變世界的問答》，且收視率最慘時與對方有三倍之差。

這時候《想知道真相》製作團隊大量換新血,年輕製作人下決心要製作出全新節目,他們的競爭者包括深夜綜藝,還有年輕觀眾喜歡的各種外國刑警偵探影集和推理影集。《想知道真相》選擇回歸到草創期的關鍵字:神祕感,但是讓影像更流暢,也排除鬼怪或詛咒等故事,而是用舞弊、意外事故的線索來強化內容。

　　一般來說,時事節目通常會以直接描述案件作為開頭,《想知道真相》則是:

　　讓節目本身像是一本推理小說或一部驚悚片,從案件「周遭的日常生活」展開推理,以緊湊但張弛有度的速度感,鋪陳故事的轉折與過程。

當你的內容很黑暗,但觀眾只想要娛樂時

　　節目無論是畫面構成或驗證謎團的方式,都以年輕觀眾為目標族群徹底重新設計。例如,製作單位會用布景重現案發現場,再讓身為觀察者的金相中(主持人)戲劇性地從某個角落走出來,並與畫面互動。這樣的演出方式可以帶領觀眾進入事件之中。必要時,節目還會邀請專家到現場進行「實驗」,特別是找來犯罪心理學家,為罪犯做側寫來提高說服力。在提升專業性、信賴度的同時,也動用了正

統時事節目少見的布景與裝置來迎合年輕觀眾的要求，結果相當有效。

「被關在四方形下水道內的事實－梧倉下水道怪死案件」（第 739 集，2010 年 3 月 13 日）至今仍是《想知道真相》膾炙人口的一集。製作團隊複製了和案件的現場完全相同的條件，得到「受害者不可能是自殺的結論」；「李百里失蹤之謎－記憶、傳聞與謊言」（第 896 集，2013 年 6 月 1 日）則是模仿了電影《厄夜變奏曲》的做法，在地上畫出平面圖，並根據事件的時間順序重現現場，更讓節目的討論熱度沸騰。

《想知道真相》能爬到今天的地位，除了《製作人手冊》、《追蹤 60 分鐘》等競爭者自然退敗，也要歸功於一心製作出「真實的節目」的製作團隊。

週末夜晚，觀眾其實並不想聽一個黑暗的故事，那麼就在追求真相的同時，用有意思的方式來講述故事。這是《想知道真相》播出 18 年能重新得到觀眾注意，維持狂熱人氣的祕訣。

《想知道真相》不將相同體裁上的領先者設想為競爭者，反而引進各種推理、刑偵劇的創作模式。在綜藝節目兵家必爭的週六晚間時段，能以時事節目登上了收視第一，正

是因為企劃者不被「時事節目就該這樣做」的固定觀念所限,大膽嘗試後,擴展了時事節目的範疇。

「演藝圈最後的良心」
金濟東獨創的媒體形式

2009 年 10 月,當時韓國三大主持人之一的金濟東,突然宣布要離開主持了 5 年的 KBS《明星金鐘》,同時間他在 MBC《Oh My 帳篷》的試播節目也告吹,雖然本人和電視台都有一番說辭,但是大家都認為他從電視上消失的原因,「政治施壓」應該是主因。2009 年 5 月,金濟東主持了首爾廣場上盧武鉉前總統的路祭[9],被視為左派人士,疑似遭到了政府與電視台的聯手封殺。

同年 12 月,他開始展開談話現場(Talk Concert)。地點在一個小劇場,場地規模只有約 150 個座位,大家認為這是落寞的金濟東找的新出路。但對於活動司儀出身的他,

---

9 出殯時,在靈柩所經處的哀悼設祭。

不仰賴劇本、與觀眾即時互動的談話現場，其實是他最如魚得水的地方。

談話現場轉成電視節目，卻失去了現場的活力感

之後，金濟東在 JTBC 推出了《金濟東的 Talk to you》，終於在綜藝節目呈現了談話現場的特徵。金濟東的談話現場就像公開的脫口秀，每次都是敲定一個主題，以金濟東和觀眾輪流拿麥克風對話的形式進行。製作單位在事前收到觀眾的故事，然後一起對談，即使邀請了來賓，也不會聊來賓的生活、新歌或是新戲劇作品。

這樣的節目必須準備充分，沒有劇本，而是即席接受觀眾提問，根本無法預測對話方向會怎麼走。金濟東的談話現場常常超時，短則一小時，長則兩小時，可是現場一位難求。看到成功的形式，就想要挪用到電視節目，這是電視工作者正常的生理反應。

金濟東的談話現場嘗試過好幾次的電視移植，卻都無法忠實呈現。電視脫口秀傾向將對話焦點放在來賓身上，然而金濟東的談話現場，焦點卻在來賓與主持人、主持人與觀眾、觀眾與另一個觀眾身上來回。就電視台的立場而言，重金或盛情邀來的來賓，卻只扮演了一般觀眾的角色，自

然難以接受。

拋掉「脫口秀就該這樣做」的慣例

在一般觀眾加入時,脫口秀的節奏很容易被破壞掉,《金濟東的 Talk to you》為了改善這樣的狀況,安排了可以進行深度討論的專家來平衡。有別於其他脫口秀,《金濟東的 Talk to you》的來賓會在節目進行大約 20 分鐘後才被介紹入場。同時,節目更打破電視脫口秀慣例,改採類似談話現場的實況錄影轉播。《金濟東的 Talk to you》的成功核心,就在於一改以藝人為中心的模式來製作電視脫口秀,而是忠實移植了以觀眾當主角的談話現場。

開創新路線的藝人們

　　不愛看電視的人常這樣說：「都是差不多的人，出場說差不多的話做差不多的事，到底有什麼好看的？」這麼說好像也沒錯。當電視普及之後，過去數十年來，電視是最低廉、最容易親近的大眾娛樂，有最多觀眾，卻也是最保守、安全的媒體，看起來的確就像裝載著類似的人在說類似內容的媒體。

　　不過，無論在任何業界，都會出現打破規定或禁忌的先行者。例如，當大家都在堅守戲劇式發音時，男配音員裴漢星嘗試使用生活型態的演技，改變了韓國配音員的表演趨勢；或是在鬧劇或相聲才是綜藝主流的時期，搞笑男藝人全裕成等人以憨傻的表演說著費解的笑話。他們跨越禁忌的每個瞬間，其實都讓電視綜藝可以包容的故事領域更加寬廣。

有些行為，一開始會被視爲越軌，重複幾次之後，就會被納入「可以這樣做」的範圍。前面看過拓展了形式的節目，接下來要認識幾個以破格的表演，拓展了韓國綜藝「正常世界」邊界的藝人。

柳炳宰：沒有修飾的卑微，
韓國年輕人的素顏

柳炳宰在 Mnet《兪世潤的 Art Video》出道時就是這個表情──一臉很憂鬱的樣子。他演出不斷被兪世潤壓榨的青年「炳載」，那模樣讓人分不清究竟是演技還是他眞正的模樣。他的神態畏縮、肩膀下垂，表情看起來總是很委屈，在被打巴掌或是潑水時，臉上閃過的憂鬱神情，就算以演技都會讓人同情。當時沒有人料想得到，這樣的他會成爲新生代年輕人的代表。

當他以編劇與演員的身分加入 tvN 成人搞笑綜藝《Saturday Night Live Korea》[10]，開始改變了電視描寫「青春」的遊戲規則。在〈極限職業：經紀人篇〉，柳炳宰的身

---

10 《Saturday Night Live Korea》（韓語：새터데이 나이트 라이브 코리아）是於 2011 年 12 月起在韓國 tvN 電視台播出的喜劇直播節目。

分是照顧目中無人的明星的經紀人，他演出了經紀人各種被壓榨的終極情境。例如，為了讓明星從休旅車內走下來，趴在地上成為人肉踏板；明星說想要喝綠茶，他就跑遍全羅南道寶城郡的產茶地。柳炳宰卑躬屈膝的模樣，引起了同年觀眾的共鳴。「沒錯，我們就是受到這樣的待遇。」

　一臉窘樣的他，越是直覺的回應，就得到越多觀眾的歡呼。例如被解僱時，面對主管斥責：「疼痛，這不就是青春嗎？」他的回答是：「疼痛的話就是病人，怎麼會是青春呢？」這樣的片段在網路上被不斷轉傳。

　柳炳宰在背後哭泣，在人前歡笑的臉，成為時代年輕人的代表。他的角色策略是以愚蠢表情或卑微態度先卸下對方心防，然後抓住某個瞬間，吐出屬於自己的世代所遇到的侮辱和壓榨。這也讓他因此拓展了其他喜劇演員無法跨足的政治諷刺表演。

金淑：女人 40 沒有男人也能過得很好，
韓國父權社會的嘲笑者

　如果說柳炳宰是青春憂鬱的代表，那麼金淑就是 40 世代未婚女性最真實的代言人。所有人都在嘮叨問她什麼時候要結婚，金淑總是會用以一擋百的氣勢喊出單身並不可恥。

她的存在，是對女人應該要美麗、謹慎、自持的不成文規定的對抗，也是對於想要干涉未婚女性的世界的對抗。她絲毫不會隱藏自己的想法，學習木工的原因是因爲「男人會背叛妳，但木工不會背叛妳」。

這樣的獨特個性，在綜藝節目中的發揮果然不負眾望。例如，JTBC《和你在一起 2：最美的愛情》和尹正洙的假想結婚生活，當尹正洙想拿重物時，她會說：「喔吼，男人不該做這些事！」然後自己搬完重物。在結帳櫃檯，她會說「男人不用一定要把錢花在這裡」，然後會打開自己的皮夾。

她的言行對照出韓國社會強迫下的女性形象──謹慎、軟弱，成爲強權下的弱勢，也提醒了大家這樣的強迫是多麼地可笑。

《和你在一起 2：最美的愛情》的「母系」企劃，是一種鏡像策略。反之，金淑在 KBS《姐姐們的 Slam Dunk》中展現的則是女性的主體意識。在第一季中的第一個任務，金淑要考取連男人都很難拿到的貨車執照，在最後的任務「蓋房子」，她索性直接駕駛卡車載來了大型木材，以專家水準的木工實力削切木材後，加工做成了桌子。

重點是，她做這些並不是爲了「要像男人一樣」，只是單

純認為這些都是女性也可以追求的目標。這樣的人物設定相當明確。40歲的金淑，成為今日許多韓國女性爭相效仿的對象。

朴娜萊＆光熙：
卸下外表包袱的女藝人與男偶像

繼金淑之後，早期被前輩稱為「瘋孩子」的搞笑藝人朴娜萊，很早就在喜劇中嶄露頭角，2015年的男裝秀，更讓她獲得了好感支持。以往看到的女扮男裝，通常不會掩蓋掉女性原來的女性美，因為這還是用「小女人」去模仿「完整的男人」，是附屬在「可愛」化女性、強化男性本位的權力結構下。然而朴娜萊徹底的男裝扮相，完全顛覆了男女對比下的權力關係，以及女扮男裝的層次與綜藝效果。

她的表演方式，偏離了韓國女藝人向來遵循的行動規範——嬌柔、將主導權交給男性、隱匿整形事實等等——朴娜萊只要一有機會，就會談論情色、整形手術的話題，言行作風不拘小節。

說到打破禁忌的藝人，不能漏掉偶像男團ZE:A的光熙。大眾已經習慣他現在的形象了，但對於當初他公開整形前後照片，說出「整整在醫院床上躺了一年」的自白時的衝

擊感，應該還記憶猶新。他毫不隱藏自己身為歌手但是不會唱歌、為了當明星做整形手術的事實，將偶像產業公開的祕密若無其事地說出口，也直指了社會對藝人指指點點的同時又懷抱憧憬的虛偽。

在他之後，暢談自己的整形事實或身體缺點的偶像歌手變多，形成一股風氣，他們表示即使是做過整形手術的藝人，也該得到尊重。

這些一開始看起來有些奇怪的人，為了求生做出的出軌言行，反而成了讓社會更開誠布公的出口。

3

無法用相同的策略贏兩次

剛開始接觸球類運動的人,經常遇到的問題之一,就是用昨天的球感來打球,就無法得到與昨天一樣的好成績。這是因為,昨天的風向和強度與今天不同、比賽場地的草皮狀態不同、自己的身體狀況不同,或者一起打球的對象也不同。而打者沒有想到環境的變化,來微調自己打球的方向與技巧。

要建立未來的策略,必須分析過去的成功案例,但是如果只從過去的案例學習又開始鬆懈,問題就來了。無論任何策略,單純的重複都不可能帶來成功。相同的策略如果不考慮時間差就拿來直接延用,其實是一種投機取巧的心態。

本章節一起來看看兩個案例，SBS《另一半》轉變了傳統型態，MBC《星期天星期天晚上》則承襲了自己建立起的型態。其中《星期天星期天晚上》並不是指現今的《日晚》，而是2009年公益綜藝節目之父金永熙推出了〈我的父親〉、〈甘霖〉和〈獵人們〉的那段時期。

韓國戀愛綜藝的演變

　　先來聊聊兩個節目，內容都是為尋找戀愛或結婚對象的男女進行配對。演出者多半是沒有節目經驗的一般民眾，同時也擁有高學歷與穩定工作，節目流程是在展現個人魅力的時間後配對、相處、認心意。兩個節目的企劃與結構就像雙胞胎，聽起來像是同時代的同性質節目，然而，這是相隔至少 10 年以上的兩個節目：1995 年 MBC 的棚內綜藝《愛的 STUDIO》，以及 2011 年 SBS 的觀察綜藝《另一半》。

　　《愛的 STUDIO》的盛大成功，讓各家電視台陸續推出戀愛綜藝。一開始，大眾尋找伴侶的渴望熱切又矜持，隨著大家開始不排斥將自己的臉、姓名、學歷、收入或專長公諸於世，電視台也配合著時代的變化，以微調整的形式重新詮釋戀愛需求，推出不同的戀愛綜藝。

先是讓一般女性與主持人南熙碩、李輝宰輪流約會，由主持人決定勝負的SBS《南熙碩、李輝宰的帥氣相遇》（1999～2000）；接著，是發展出生存遊戲形式的KBS《自由宣言，今天是星期六》〈生存會面〉（1998～2001）；再來，加入了年輕世代的戀愛觀、父母評論的KBS《李敬揆、沈賢燮的幸福男女》（2000）；安排一般女性和男偶像約會的MBC《目標達成星期六》〈愛情萬歲〉（2001）……名單多到數不完，《另一半》卻仍然企劃出最撼人的戀愛節目變化型，一舉超越前作。

《愛的STUDIO》定下戀愛綜藝的時代遊戲規則

　　《另一半》卻往正相反的方向奔跑！

　　所有戀愛綜藝的節目，企劃上都會面臨相同的課題：《愛的STUDIO》這個在15年前就幾乎樹立了完整形式的節目要如何突破？

　　當然，以前的戀愛綜藝以結婚為前提，後來只求「情侶誕生」，強調的是二人之間甜蜜的化學作用。另外，若成員是一般民眾，會給人一種迫切感，於是企劃上傾向將演出陣容換成藝人，讓藝人展現天分與才能，增加可看性（2002年MBC《目標達成星期六》〈姜鎬童的天生緣分〉）。

企劃方向上，就算目標不是步入婚姻，戀愛綜藝卻開始正大光明地走入「假結婚」的方向，將「甜蜜的約會」擴大規模成為「甜蜜的新婚」（2008 年 MBC《我們結婚了》），然後再呈現放閃的「模擬戀愛」、「模擬結婚」幻想內容。

　然而，在這當中，《另一半》卻選擇朝完全相反的方向發展。當其他戀愛綜藝引進更多要素，例如各關卡生存戰、藝人演出者等；《另一半》只留下戀愛的核心，將其他要素全數斷然刪除。例如，節目以「1 號女子」、「3 號男子」代替本名，參加者必須穿上製作單位指定的服裝拋棄自身個性或外在特徵，所有人在名為「愛情村」的宿舍中共同生活一段時間，只專注在以結婚為前提的「配對」。

　節目中全然不見可以滿足觀眾視覺享受的浪漫約會行程，或華麗的剪輯特效。人名消失了，職業、收入、學歷等因素變得更顯眼；參加者無法用服裝打扮來掩飾身材，節目指定的服裝更清楚曝光了每個人的胖瘦特徵。

　「愛情村的存在目的就是讓想結婚的人找到伴侶」、「所有人只能在愛情村內約。取得製作團隊的同意，才能在村外特別約會。」、「女人和男人都有權利與義務去認真檢視對象」……這些愛情村的活動規則，透露出節目的明顯企圖──傾全力觀察與呈現韓國人在尋找結婚對象時，哪些

條件會成為重點？它不用愉快的影像來包裝戀愛，而是殘忍、全面地刻畫出今日韓國人重利卻消極的結婚意識。

《愛的 STUDIO》用一般民眾僵硬、笨拙的言行來填滿畫面，與《另一半》相比，二者呈現的「戀愛溫度」天差地別，然而就企劃的骨幹來看，《另一半》足以稱為《愛的 STUDIO》的繼承者。

用露骨方式窺探心理的戀愛綜藝

《愛的 STUDIO》中參加者的男女性別比例為 1：1，SBS《實際情況星期六》〈Real Romance 情書〉以 1：7 的比例來強化遊戲要素，有別於這些節目，《另一半》7 個男人配 5 個女人，或是 5 個男人配 3 個女人的性別比例，絕妙地反映了今日韓國適婚男女的實際比例。所以，不會有最後一名優勝者得到女性芳心的情況，也不會出現全數成為情侶的皆大歡喜局面，這個企劃構想大幅提升了參加者的緊張感。

此外，有別於主持人引導型的戀愛節目，《另一半》採用紀錄片的形式，參加者之間的爾虞我詐或露骨的真心等都會殘忍地被真實播出。可以說，《另一半》的目的不是促成這些人結婚，而是觀察「適婚期男女以結婚為前提在交往

時，會在意什麼重點」。

　《另一半》收視高，也面臨了剪接過度扭曲，將財力、學歷、外貌等條件排名正當化等反對聲浪。這個以殘忍方式解剖了參加者內心的節目，最後的落幕，是因為發生了極端的意外。一個在節目拍攝期間承受龐大壓力的女參加者，在攝影場地自殺了。

　有人說，這樣的節目有違背電視倫理，可以預見悲劇性結果。不過，《另一半》配合當代的感情觀形貌和時代趨勢，為長年以來帶有幻想色彩的戀愛綜藝，帶來了結合觀察綜藝與實境秀的劃時代變化，成就仍不容忽視。

符合時代氛圍的企劃：
公益性綜藝節目

1996 年，MBC《星期天星期天晚上》的情況並不是太樂觀。這是由於要面對因為待遇問題離開 MBC 前往 KBS 的搞笑女主持人李英子，在 KBS《超級星期天》〈金村宅的人們〉。情境喜劇〈金村宅的人們〉呈現農村庶民生活與喜怒哀樂，收視率超過 40%，搶下了同時段收視第一。

《星期天星期天晚上》曾以〈戲院天國〉、〈英子的房間〉、〈隱藏攝影機〉、〈李輝宰的人生劇場〉、〈李洪烈的說做就做〉等單元，成為週日晚上的綜藝強者，如今被〈金村宅的人們〉擠下，收視率慘跌到 2%。2%是要面臨停播的收視率，被逼到懸崖邊的《星期天星期天晚上》必須有所做為。

負責幫節目重振雄風的製作人，是在《星期天星期天晚

上》〈隱藏攝影機〉、《神笑的話，福氣來了》〈銀魚女士〉以具年輕氣息的企劃獲肯定的金永熙（入社 10 年）。金永熙與同年紀的喜劇明星李敬揆氣味相投，於是展開了〈李敬揆來了〉單元。但以突襲方式採訪知名人士的企劃概念，收視率還是會受到名人知名度影響而起起落落。

例如突襲金大中（時任新政治國民會議黨的總裁）住家展開訪問，這種野蠻的賭博企劃，只能維持一兩次的驚喜或趣味性，還是無法全盤贏過〈金村宅的人們〉。

韓國「公益性綜藝節目」的第一步：
等待一台在紅燈前停下的車

金永熙苦思不出足以一決勝負的企劃案，在節目正式改編 10 天前，突然拿出了一份怪企劃，他不顧其他企劃的反對，決意尋找深夜無人的斑馬線前，看到紅燈會停車的車主，然後頒獎給他。

單元的畫面總是黑漆漆一片，也不會有知名明星出現，看這個到底有什麼樂趣？金永熙面對編劇的質疑這樣說道：「這是讓人看了會心情愉快的節目，就算收視率不好，也有播出價值。」

被叫來的主持人李敬揆毫無對策，只能重複說著：「啊！

有車來了！來了！會停下來嗎？啊，開走了！真可惜⋯⋯」這樣拍到凌晨三點，到了錄結尾的時間，金永熙卻丟出了炸彈宣言：「拍到天亮，今天不出現的話，明天再來。」

幸好，清晨 4 點 13 分，一台小型車停在了停止線前。走下來的車主，恰巧是一個腦性麻痺的殘障人士，看節目的人說出「對於交通秩序感到麻痺的我們才是殘障人士」這樣的肺腑之言。這就是〈良心冰箱〉這個單元變得火紅的契機。〈良心冰箱〉成了形式和目的都前所未見的新型綜藝，得到了一個不賴的名稱：「公益性綜藝」。這是 1990 年代和 2000 年代初，金永熙帶領 MBC 開始製作「公益性綜藝」的起點。他之後參與製作的《21 世紀委員會》、《稱讚吧》、《驚嘆號》等一系列公益綜藝，全都始於這個秋夜的汝矣島[11]。

金永熙再次上場

時間再快轉到 2009 年，《星期天星期天晚上》的狀況更是糟糕。競爭對手 KBS《快樂星期天》〈兩天一夜〉和〈男人的資格〉完成了進攻，SBS 以《星期天真好》以及〈家

11　電視台所在位置，屬首爾特別市永登浦區。

族的誕生〉和〈黃金美女出擊〉打下基礎。

這次上場的救援投手,又是金永熙。當時,他成為 MBC 綜藝部史上最年輕的部長,也是韓國製作人聯合會的會長,已經是資深老手。金永熙回歸時曾說過「不想靠《星期天星期天晚上》回來」、「不想重複做之前做過的公益綜藝」,但戰場上刀光劍影已經不由得老將挑選戰場。

同年 12 月,金永熙抱著「或許這是最後一次參與現場製作」的悲壯覺悟,野心勃勃地推出三個單元,分別是〈我的父親〉、〈甘霖〉和〈獵人們〉。內容分別是「在疲憊的下班路上和父親們相遇,讓溝通產生共鳴,為父親傳達力量和幸福的加油計畫」(我的父親)、「對於弱者伸出援手,為他們創造幸福的公益綜藝」(甘霖)、「幫助被野豬侵擾的農村,擊退野豬的生態綜藝」(獵人們)。

兩個小時的企劃,強調家族價值、對生態界的關心、對鄰居發揮善行,調性成了教育節目,而不是週日的黃金檔綜藝節目。第一週後,收視率開始緩慢下滑。

問題出在刻意製造感動

首先,野豬是因為生態遭到破壞而來到人類的生活空間,以狩獵野豬為目標的〈獵人們〉面臨了動物保護團體的批

判：沒有討論該如何調整野豬數量，就在週末晚上播出以獵殺野豬的情景作為娛樂，在倫理上正確嗎？對此批評，製作團隊以捕捉的方式代替殺害，安然度過了初步危機。

然而製造節目緊張感的「獵殺」被轉為「捕捉」，畫面也變得單調，節目變成只能等待野豬自投羅網──這不就像回到 1996 年，只是茫然等待一台汽車停在紅燈前的汝矣島現場嗎？週日晚上，讓闔家觀看追殺動物的企劃，變成了一群人傻傻等待不知何時會出現的野豬。

〈獵人們〉播出後第 4 星期，相關人士就以「非長期企劃」的牽強理由換成〈Eco House〉上檔。

真正的問題還是〈我的父親〉和〈甘霖〉。適合待在攝影棚的主持人申東燁與金九拉無法產生化學作用，主持氣氛異常尷尬，原定的主持群女演員黃正音又婉拒了節目，讓情況雪上加霜。

更大的問題是，韓國家庭經濟來源只有父親一人的時代早已結束，節目的敘事核心獨獨強調「父親的沉重肩膀」，難以引起共鳴；節目對於擁有最悲傷的故事的人，會給爸爸一台冰箱作為獎品，這又像在引導演出者競爭不幸。

〈我的父親〉繼續下猛藥。節目採訪了剛失去孩子不到兩個月的演員李廣基，對於他的眼淚與哽咽以特寫鏡頭呈現，

企圖索取觀眾的感動；同時，〈甘霖〉不斷剪輯出最極端的畫面，期待衝擊的效果。他們拍攝了在非洲尚比亞大口喝髒水的當地孩子，強調他們的居住環境如何惡劣；或是為了被宣布大限之期的病人，籌備了驚喜的結婚；還有，絕症孩童打針時的痛苦模樣，也是沒有經過任何處理就播出。

這樣的〈甘霖〉，非但沒帶來善意，還擺脫不了庸俗。結果，這兩個節目都不到一年就停播了。

同性質的企劃，也要根據時代、環境差異做不同的處理

〈我的父親〉和〈甘霖〉最主要的失敗原因，是節目對於「如何將公益性融入綜藝」的想法仍停留在 1996 年。

2009 年《無限挑戰》，已經明卻省略了將禮物拿去給需要的鄰居的橋段。因為，消費且放大他人痛苦的節目，不僅不符合新時代的倫理，形成的共鳴也是人造的共鳴。

2011 年《星期天星期天晚上》〈籌備我的房子淘汰賽－房子夢想〉中，這種令人煩悶的敷衍又再次出現。製作團隊忽視參加者的故事，讓他們參加問答淘汰賽來競爭，最後勝出的家庭可以得到房子。設計殘忍、緊張感不足，連問答題都出現「剛才看的影片中，荷蘭建築設計師的小兒子班，喜歡蛇娃娃還是烏龜娃娃」這類毫無道理的題目。

〈房子夢想〉在第一季便止步。

　　MBC 以爲只要承襲策略就能重現成功，這個嚴重的誤算造成 MBC 長年經營出來的公益綜藝 DNA 被全面篩除，直到做出眞人秀(〈我是歌手〉、〈蒙面歌王〉)和實境綜藝(〈爸爸！我們去哪裡？〉、〈眞正的男子漢〉)才重回戰場，學費眞是昂貴。

第二章
如何扶正歪掉的企劃

CH3 領先者的跑法

1

羅暎錫的企劃策略

　　當企劃者背負了必須與眾不同的壓力,總會認為許多地方要「再多一點」。企劃企圖展現前所未見的樣貌。然而,在這樣焦慮與壓力的狀態下所推動的企劃,成果往往並不理想。往後退一步的做法不常見,我們倒是常看到企劃案為了滿足所有人而添加過多,最後迷失了原本的企劃方向。

　　娛樂產業也逃不開這樣的思考。KBS《歡迎 SHOW》就是這樣的案例,企劃團隊看到了 MBC《我的小電視》的成功,於是將節目再加上電視購物的元素,卻默默遭到停播。DSP Media[1] 每每推出和 SM[2] 旗下偶像團體概念類似的競爭

---

[1] 1991 年成立的韓國綜合娛樂公司,經營歌手,也製作電視劇、電影、娛樂節目、雜誌等,曾推出水晶男孩、KARA 等知名團體。

[2] SM 娛樂,與 YG 娛樂、JYP 娛樂並稱為韓國三大娛樂公司,被稱為 K-pop 的創造者。

組合，總是採取多一位成員的方式，卻渾然不具特色。企劃上，可以有必要的修改或增加，然而無條件地提高企劃規格、追求「多一點」的企劃通常是失敗收場。

這章要談 tvN 製作人羅暎錫的成功故事。將 KBS《快樂星期天》〈兩天一夜〉推向成功的羅暎錫，離開熟悉的無線電視台環境，在競爭更激烈的有線電視綜藝中一馬當先，脫穎而出。韓國綜藝製作人中，像他這樣能連續擊出全壘打的人其實並不多。羅暎錫喜歡用自己的角度來回應世界，他總是關注節目是否展現出了某種新風貌。有趣的是，他的成功並非來自「多一點」的做法，而是刻意選擇「少一點」，這是專注於自己擅長的事，排除其他多餘做法的減法邏輯。當別人都想著再加一點兒什麼，他在自己的綜藝節目中刪去了枝節。讓我們觀察從〈兩天一夜〉到《花漾爺爺》系列，再一路走到《一日三餐》的羅暎錫的企劃，反思在綜藝企劃上利用減法概念，只留下本質的其他可能性。

「多」不是萬能

　　「這裡好像少了點什麼！」這是企劃者或製作人常會碰到的煩惱。我們認為商品需要更好的包裝和行銷，才能傳達給更多人，那到底還要再加上什麼呢？這樣的思維，讓產品的宣傳文案變得越來越華麗，包裝上放滿了描述產品優點的文句和裝飾元素。十多年前購買手機時，外盒上還是密密麻麻的小字和圖片，但今日蘋果 iPhone 的外盒設計上，沒有任何文案、裝飾性元素和詳細的規格資訊，只是單純展現手機的模樣就將商品說明完畢。今日，人們接觸資訊、取捨的速度加快，「在簡短時間內完整呈現本質的能力」已經比任何華麗的形容或裝飾來得重要。

以呈現本質除掉其他的「減法」，
代替為了華麗做更多的「加法」

　　以盡可能地克制來展現本質，這股「減法」潮流在影視內容也發揮了效用。過去幾年流行各種競賽和生存綜藝，經過《無限挑戰》和《快樂星期天》〈兩天一夜〉開啓的實境綜藝，再到《我獨自生活》或《一日三餐》這類以側拍呈現平凡的生活觀察綜藝，羅暎錫就站在這個潮流的最前端。他替登場的動物一一取名，活用背景音樂點綴節目。當他首次向電視台提出減法的概念，還沒有人知道那是什麼意思，由他企劃的節目朝著明確的方向，概念確實越來越簡單。

　　一切的開始可以追溯到 2012 年 1 月 13 日的清晨。羅暎錫在汝矣島 KBS 大樓前召集〈兩天一夜〉成員，對成員們說：「我們製作團隊固定收看的節目是崔佛岩老師的《韓國人的飯桌》。」

　　該節目沒有任何遊戲或綜藝橋段，只由資深演員崔佛岩來談「韓國的各種美味」，可以說是重視本質的教育類節目。於是，〈兩天一夜〉也派了五名成員前往全國各地。那一天羅暎錫提及的《韓國人的飯桌》以及 EBS 的教育節目

《極限職業》,或許都暗示了之後他日後操刀的節目製作型態:吃美食、尋找新地方,記錄人們辛苦工作瞬間自然流露的表情和言談。

從〈兩天一夜〉拿掉
遊戲元素的《花漾爺爺》

從《花漾爺爺》拿掉旅行元素的《一日三餐》

若要拆解〈兩天一夜〉的企劃元素,大概會是:

(沒去過的)名勝旅行+福不福遊戲[3]和比賽+鄉土飲食介紹+成員對話。

而日後(轉移到 CJ E&M 公司)的羅暎錫所企劃的新節目則是轉向構思:什麼企劃會讓觀眾「願意守著製作上需要一週至十天的節目」[4]。

重點不在於速度感或遊戲,而是緩慢的人間觀察。羅暎錫得到的結果是《花漾爺爺》系列,拆解成企劃元素的話,

---

3 靠運氣取勝的遊戲統稱。「福」表示運氣,遊戲中運氣差的人將接受不特定的懲罰。

4 參考資料:〈綜藝的最後型態可能是「人間劇場」嗎?〉《時事 IN》367 期,2014 年 9 月 27 日

會是：

（沒去過的）名勝旅行＋鄉土飲食介紹＋成員間的對話。

《花漾爺爺》的成功並非偶然，而是羅暎錫果敢拿掉一些流行元素的結果。

當然，企劃中安排了李瑞鎮擔任「挑夫」角色並負責料理，或是要他找路、帶路的設計，提供了一點搞笑性質的遊戲闖關感。省略遊戲元素，讓節目多出了更多時間，專注於觀察旅途中的成員聲音。

《一日三餐》的企劃靈感，據說來自《花漾爺爺》中出現的一個玩笑詞：「料理王－瑞精靈」。《一日三餐》同樣也是從減法企劃出的作品。據羅暎錫說，《一日三餐》的製作團隊成員在私人旅行規劃時發現大眾對於鄉下生活的好奇心，抱著輕鬆心情打聽農村房舍價格，還被鄉下意外的高房價嚇了一跳。

《一日三餐》的企劃核心概念，是表現出在鄉下自給自足的一種生活節奏，並從此核心概念來檢視其他內容是否必要。例如，在村莊裡，與鄰居之間的和睦相處是必要的，而旅行是不必要的。於是，《一日三餐》〈旌善篇〉和〈漁村篇〉的企劃公式就是：

食物介紹＋成員對話＋農務工作、做飯和整理的日常生活。

成員前往旌善、玉筍峰、晚才島的旅程在節目中的占比並不高，因為與「日常生活」的準備三餐相比，沿路風景並非重要畫面。企劃在一開始就將「非日常生活」的旅行刪除，只鎖定於呈現煮飯、吃飯、做家事時的瑣碎日常生活與對話。

　　據說羅暎錫在向 tvN 高層說明《一日三餐》時，首先面對的詢問是：「到了鄉下，成員要玩什麼遊戲，執行什麼任務？」電視台認為單純地「田園生活」畫面無法吸引觀眾。但是羅暎錫的思維是：享受平凡的日常生活，這件事情就是任務。他如此回答：「沒有遊戲那種東西，就是兩個男人在鄉下吃飯，做完飯後收拾和整理，這樣度過一天，這就是全部。」

　　《花漾》和《一日三餐》系列，雙雙成為韓國有線電視史創下最高收視的綜藝節目。或許這說明了對觀眾來說，遊戲、比賽、旅行，都不是收看的真正重點，在那當中生活的「人」，才是綜藝企劃人士應該重視的本質。

用「深入」代替
「大量、遠方、重口味」

有人會好奇,把人當作本質,這誰做不到呢?所有的綜藝節目,不都是在追求看人的樂趣嗎?組隊執行任務的節目,講求成員之間的團隊合作;生存選秀節目,是要求人展現才藝、人人渴望被選上的人性連續劇;軍隊實境秀、育兒節目,演出者提供了他們在苦難面前驚慌或狼狽不堪的經驗談。

過去幾年,韓國的實境秀綜藝節目的氣勢驚人,發展迅速並不斷壯大。有些節目以任務種類的多元著稱(MBC《無限挑戰》),有些綜藝走向放大競賽規模,思考讓更多人出場、突破人數限制的綜藝(Mnet《製作人101》),有的綜藝以挑起衝突來強化刺激感(Mnet《Show Me The Money》),或是捕捉人物被放到極限環境下的素顏面貌

（SBS《叢林的法則》系列，tvN《The Genius》系列）。發展方向大致不脫如此。

實境綜藝的趨勢，由此看來是擴大腳本的規模、強調對比元素。而不論羅暎錫是否帶著對抗的企圖在企劃節目，他一直朝著相反的方向前進。

不講求更多人數、更激烈的戲劇效果，
而是思考更深入觸及每個成員的方法

《花漾爺爺》的亮點，是年長成員之間的對話和互動。當然，緊湊行程或初次前往的旅地風景，會讓獲得全新經驗的成員有所反應，然而在熟悉旅行之後，主題就正式進入幾個80多歲的老人各自分享過去數十年的工作、友誼、人生經歷。節目並保持彈性，去發展意外的事件或讓企劃呈現新的模樣，相較於刻意的行程設計，把重點放在深入發現每個成員的內心。

後續作品《一日三餐》則是把簡法的概念發展到極致。農村或漁村，並不像叢林是可以呈現極限體驗的地方，也不是什麼孤立無援的地點。演出者必要的時候還可以開車到鎮上鬧區採買或逛逛。這個節目實際上就只是讓演出者去過一種有點麻煩、平常不太情願過的平凡生活。

《一日三餐》的固定演出成員數更是極端地縮減。用三個男人構成節目主軸，讓觀眾看他們重複日常勞動的過程，因此焦點勢必要鎖定人的內在。

　　招待前來的客人、耕作、為了吃石鯛去垂釣，或是苦思新菜單的過程等，都可以替節目製造出高潮，但是最大的高潮，還是設定在男人和一同生活的小狗玩耍的畫面、男人的自言自語或對話，還有那些無關緊要的玩笑。

　　《一日三餐》選擇把成員放入「最接近日常生活」的環境，再從隨興的談話中挖掘出他們更深一層的內在。呈現在觀眾眼前的畫面，就是以這樣簡單的法則為中心剪輯而成。

挖掘日常生活的綜藝，
創造並滿足了觀眾的高昂情緒

　　對於到處安裝、到處存在的無人攝影機，無論是《花漾爺爺》或《花漾姐姐》的成員都大肆抱怨，而節目也如實呈現了他們的怨言。羅暎錫還在 KBS 參與《人類的條件》時，就顯露了對無人攝影機的執著。無人攝影機不用休息、可以持續運轉，使用它不是為了什麼特殊企劃，就是為了錄下成員休息、洗漱、看書的樣子或瞬間，至於從錄影的內容還能撈出什麼，製作單位一開始也無法預期。

企劃上必須達到的目標是：先讓成員習慣並忽略攝影機的存在，引導他們卸下防備並對話，一旦從尋常對話中發現亮點，就以那些內容來切入剪輯後製。可以看得出來，羅暎錫追求的方向，不是去呈現電視明星或演員或綜藝人物，而是盡量進入和觸及這些「人」的內在特質。

如果只要使用減法就能有票房保證，那麼事情該有多麼簡單呢！一般而言，企劃中的附加設計，還是有存在的必要，如果要以企劃核心一決勝負，就要確認核心充分扎實。羅暎錫把重點放在人的特質，成功提升了觀眾情緒面的滿足感，他讓看的人，和畫面中的那個人產生了共鳴，這也正是李瑞鎮、車勝元在參與節目後魅力大增的原故。

發想很自由，同意很嚴格

在羅暎錫之後，如果你的節目企劃主管喊著：「我們也和羅暎錫一樣做吧！」已經無法誕生革新。就向企業的領導者如果以為下達：「從現在起我們也像蘋果一樣創新吧！」或是「我們也要做出像任天堂那樣革命性的遊戲機！」這類命令就能革新，真是大錯特錯。在同樣的組織環境下，深信規定期限、投入資金，模仿領先者的做法就能誕生革新產物，這真是一種奇怪的想法。很不幸的，改革並不是用這樣的方式在運作。

不找正確答案，對一切敞開大門：
任何細節都可能成為企劃創意

在羅暎錫的團隊裡，成員不會收到要想出「優秀點子」的命令，真正的腦力激盪，只有在可以自由發表意見或傾

聽的氣氛下，身處就算提出不太正常的意見也不會受到指責的環境裡才可行。要去除既有的要素，就要對原來的秩序果敢地質疑。所謂的創意，屬於個人的能力，而形成可以發揮創意的環境，就要看組織與領導者的能力。

雖然是許多人知道的事實，但羅暎錫的企劃祕訣就在這裡──對於會議的執著。他主持的會議沒有明確目標，沒有任何限制，企劃成員可以自由提出看法。當然，這樣的開會效率性會降低、會議時間會拉長，但他的會議不是為了尋找任何正確答案。小組中資歷較淺的工作人員若是畏縮或迴避，反而會被故意點名、詢問意見。

《一日三餐》就是用這個方式開始的節目。前面也曾提及，羅暎錫被邀請到在首爾弘大東橋洞 Media Cafe[Hu:] 舉辦的聊天演唱會「Who are you」時聊到，《一日三餐》不是在「想企劃時」出現的想法，而是會議中團隊成員聊到因為個人需要，打聽哪裡有像度假屋般、可以共同分租的田園住宅時得到的點子。

倘若這個小組裡的人被要求專注於企劃新節目，無暇思考田園住宅、調查回到鄉村生活的費用多寡，就不會發現對於回農村務農一事有多少人抱持著夢想與好奇。一般的會議上會被當作「無關的小事」來處理的想法，在沒有設

定正確答案、主題的會議上，往往就會成為了企劃的頭緒。

重點不是大夥的贊成或反對，
而是有沒有看到想法中潛藏的訊息

　　想要提高想法的完成度，除了鼓勵自由發言，會議主導者還要能掌握參加者的特質、懂得觀察他們的反應。

　　和羅暎錫一起工作的組員，象徵了不同世代、性別的不同喜好。他會在會議中觀察每個人的反應。他想要的，並不是會議中全體的贊成或支持，而是他們的反應本身。羅暎錫在《時事IN》週刊的訪談透露，在企劃階段時就表示喜歡《一日三餐》的人，只有自己和李祐汀編劇兩個人而已。「讓多數人反對的企劃，代表它風險偏高，也代表它是嶄新的企劃。人們對於不熟悉的事物會表現出抗拒。相反地，受到一致贊同的企劃，就應該再仔細思考『這真的會是個新的節目嗎？』」（像吃「一日三餐」般開會的男子」，《時事IN》388期，2015年2月17日）

　　但這並不是說企劃一定要在多數人反對下、有上位者堅持推動，才是好的企劃。而是，主導者必須熟悉小組成員的個性與特質，才能從大家的「反對」中，理出「值得一試」的結論。要能夠理性判斷反對意見是情緒上的反感？

還是因為素材不佳？他們代表的族群，是什麼樣的人？這些人追求的價值是什麼？是以什麼樣的明確邏輯在反對這個意見呢？羅暎錫在長時間的會議下，能夠從成員的「反對」中找到「陌生的關鍵字」，再從這裡一舉跳到「新企劃」的答案。

從人們覺得陌生、無法預測的想像中，發現創新與成功的可能，這是羅暎錫長久以來的主張。例如，2012 年在他離開 KBS 前最後參與的《人類的條件》的企劃會議上，當時申美珍製作人提出想試驗從日常生活中去除智慧手機、網路和電視後的生活，節目便在羅暎錫的支持下成形。他相信，相較於推出可預測走向的綜藝，不知道會出現什麼結果、能引起大眾好奇心的綜藝節目，才有成功的可能。

羅暎錫從反對意見中理出思考脈絡，也會仔細觀察贊成意見。輕易就讓全體同意的企劃他可能會乾脆全部推翻，再從頭來過。容易浮現的畫面，就不是創新了。企劃的主導者必須去推敲和確認：贊成，是因為習慣、偷懶嗎？反對，是來自陌生、恐懼嗎？

不被潮流吞沒,做自己擅長的事

從羅暎錫的節目,可以找出幾個一貫的企劃準則:1 只留下核心,去掉其他。2 提升核心內容的密度,提供觀眾情緒滿足感。3 自由延伸想法,徹底避開太簡單或太明顯的答案。

不過,這三個方向實際上都是根基於同一個原則,就是「不要被潮流吞沒,做自己想做、擅長的事」。不跟隨別人創造的潮流,就不會被捲入別人的戰爭。

綜藝不能自我複製,但是要確保自我的路線

轉動一下時鐘,讓我們回到羅暎錫剛加入 CJ E&M 的 2012 年初。那是羅暎錫本人參與過的 KBS《人類的條件》、JTBC《上流社會》等觀察綜藝的萌芽時期,也是生存選秀節目的全盛期。包括 Mnet《SUPER STAR K》、MBC《偉

大的誕生》、KBS《K-POP STAR》、tvN《韓國達人秀》等選秀節目,以及 MBC《我們的日晚》〈我是歌手〉、KBS《不朽的名曲:傳說在歌唱》等讓當前歌手加入競爭的節目。

當時的綜藝節目競爭激烈,規則也開始變得更複雜。不管用任何方式,都要在企劃裡放入一點競爭或生存主題,已經成為趨勢。在這樣的潮流下,羅暎錫並非不擅長此類主題,他從 KBS《出發夢之隊》開始擔任助理導演,中間經歷過遊戲綜藝 KBS《女傑 6》,也製作過《快樂星期天》〈兩天一夜〉。

羅暎錫轉換跑道,在沉澱了將近一年的時間後,最後推出的竟然是沒有遊戲、沒有競爭的《花漾爺爺》。當初並沒有人預料得到老演員的歐洲遊記,能夠突破有線電視台的收視限制,創下 7% 的高收視率。當時,有一派人士稱讚羅暎錫成功邀請國寶級演員擔任綜藝主角的企劃能力;卻也有人批判,大眾期待他的全新企劃,他卻只拿出「兩天一夜」的延長版。

情況到了《一日三餐》就大不相同。製作消息剛放出來時,許多人誤以為這是《花漾爺爺》裡的李瑞鎮帶著「料理王－瑞精靈」的綽號出走後衍生的作品。

加入 CJ E&M 後的羅暎錫,每次的新企劃,最常見的詬

病便是認為他只是重複性地更換場所，有自我複製之疑。換句話說，羅暎錫不追隨潮流，他追的是自己的步伐。

在潮流中，向下走或向上走？

綜藝節目的企劃者，受到不能錯過當下潮流的想法壓迫，時時想著分析其他節目的成功因素，或是解讀綜藝趨勢，以靈快的速度追著流行。

舉凡從〈我是歌手〉中得到靈感的《不朽的名曲：傳說在歌唱》和JTBC《隱藏歌手》、在tvN《The Genius》系列下發展出的JTBC《CODE－祕密的房間》、受到JTBC《舌戰》明確影響的TV朝鮮《強敵們》、從MBC《我們的日晚》〈動物〉結束之後出發的JTBC《瑪麗與我》和Channel A《餵狗的男人》，都是追隨潮流下的企劃產物。

羅暎錫在這種向下延伸的潮流中，甚至還往後退。影響他的新節目最多的，每每都是他自己之前的節目。他往回走，持續專注在自己最喜愛、最善於操作的「人的內在世界」。

人的內在表情有無數種。今天大部分的綜藝節目，選了其中一兩種來一決勝負。像是呈現欲望與競爭心（tvN《The Genius》、JTBC《Crime Scene 犯罪現場》、《CODE－

祕密的房間》)，懇切與絕望(《SUPER STAR K》、《K POP STAR》)，陌生和恐懼(《我們的日晚》〈爸爸！我們去哪裡？〉、《快樂星期天》〈超人回來了〉)。而羅暎錫則是不刻意去界定範疇。

不被他人的競爭動搖，堅持站在自己的戰場

申東燁勉強自己投入實境綜藝，但是讓他重回過去名望的，還是他最擅長的脫口秀和輕喜劇。在回歸以後一度迷失方向的姜鎬童，最後成為他主力支柱的節目，還是較量體能的 KBS《我們社區藝體能》。

還有，執著於呈現人們日常生活的羅暎錫，在從事製作人工作 16 年後，才獲得百想藝術大獎的肯定。得獎致詞時，他說：「我不會被別人的戰爭動搖，而是一路走來，固執地與自己對戰的人。」他甚至將自己比作「類比型的人」[5]，能夠取得成就，或許是因為守住自我核心。

5　類比相對於數位，意思是自己是老派思維。

2

踩入禁忌吧！比別人多
跨出半步的 JTBC 的脫口秀

21 世紀簡直是韓國無線電視脫口秀走進墳墓的時代。大眾對於知名藝人談自己的故事借此展現個人魅力的脫口秀，逐漸熟悉也逐漸感到厭倦。類似正統美式脫口秀的節目（每次邀請一名來賓，分享深度對話）已消失；「企劃邀訪」（配合特定議題或概念，邀請有共同點的來賓）的新模式，即使是強者如 MBC《來玩吧》，也無法生存。對業界來說，大家相繼倒下的場面相當具有衝擊性。

當大家認定是「體裁」本身的壽命和活力走到盡頭，脫口秀的未來之路由四大有線電視台之一的 JTBC 指了出來。JTBC 從無線電視台成功延攬人才，以《舌戰》、《魔女狩

獵》、《非首腦會談》、《金濟東 Talk to you》、《說話之路》、《請給一頓飯 Show》等脫口秀陸續創下高收視率，成為脫口秀綜藝的絕對強者。成功固然是因為人才延攬，不惜投資，但不僅止如此。

本章要分享 JTBC 電視台製作的脫口秀如何抓住大眾視線。《舌戰》、《魔女狩獵》和《非首腦會談》在挑選素材上，積極踏入了以往韓國綜藝節目的禁忌領域──從政治、性，從外國人的視角看韓國。《金濟東的 Talk to you》、《說話之路》、《請給一頓飯 Show》則是離開攝影棚，走上街頭，或是更進一步地走進一般人的家裡，打破了素材的界線。

JTBC 的策略是，先在「素材」上跨出半步，等到觀眾接納後再跨出另外半步，改變「製作方式」。脫口秀的後來者，透過這樣的越境方式，在短時間內成了領導者。

如何吸引「2049」族群？！

從 2012 年到 2013 年，短短的兩年內 MBC《來玩吧》、<膝蓋道士>、KBS《強心臟》等節目接連落幕。韓國三大無線電視台都失去了自己台內一、兩個招牌脫口秀節目，嘗試取代的節目也無疾而終。若只看無線電視台，會覺得脫口秀這個體裁不行了。

由《來玩吧》原創的「企劃邀訪」，也因被其他脫口秀模仿而褪色。《強心臟》和《改變世界的問答》採用的「群體聊天」體裁，由 Channel A《現在去見你》、MBN《黃金蛋》、《拇指的帝王》等節目延續。但後來的節目與其說是脫口秀，型態更接近「軟新聞」（soft news）[6]。在大眾的認知中，

6　原指和大眾切身利益無直接關係、發表上沒有時間緊迫性的娛樂性新聞。此處指帶娛樂成分的時事新聞，或是新聞播報方式的娛樂節目。

無線電視台的影響力或品質、完成度都高於有線綜合頻道，但它們卻仍然瞄準保守觀眾層，或以重播舊連續劇和綜藝等來填補白日時段。

在低迷期推出政治脫口秀的膽識

JTBC 希望和其他三大有線綜合頻道有所區隔，自然需要開闢出新路線。

在談政治的新路線上，即使是和群眾聊天，接近觀眾的方式也有所不同；在延續舊路線上，《醫生的勝負》或《無子無憂》等脫口秀類似以往的資訊類娛樂節目，卻不把主要收視族群定在中壯年觀眾，而是鎖定能帶來口碑效應、有購買力的核心人口「2049」（從 20 世代到 40 世代的人口）。

2013 年 2 月，JTBC 的野心之作《舌戰》開播。週四晚上 11 點的競爭者包括姜鎬童的〈膝蓋道士〉和劉在錫的《Happy Together》，主題設定為政治談論，主持人則是金九拉。節目邀來的專家李哲熙，當時是政治戰略研究所所長，並不是熟悉臉孔。另一位主持人康容碩，是前國會議員轉型的演藝人員，形象並不討好。這樣的組合陣容，真的有辦法迎戰嗎？

居然還行得通！《舌戰》採用政治新聞秀，在政黨傾向上維持了均衡。代表進步派的李哲熙和代表保守派的康容碩，毫無負擔地批評朴槿惠政府或親朴人士，各自對民主統合黨和新國家黨的失誤也爽快承認，展現微妙的平衡。

　在年輕觀眾眼中，他們對於特定陣營的「政治評論家」一貫的虛偽看法與嘲諷已經厭煩，某種程度來說，《舌戰》克服了陣營倫理，將雙方意見均衡呈現，看起來就是個嶄新的節目。《舌戰》以熟悉的政治脫口秀，抓住原有的觀眾群，同時因為確保公正性，也吸引了年輕觀眾。這個節目建立了高認知度與話題性，創下 1～2％的高收視率。

　JTBC 的策略是跨越禁忌、架構先驅形象，占領了別人未發展的領域，然而並不過於前衛，不去挑戰觀眾的安心感，借此來穩固位置。

先行者不忌諱禁忌

《舌戰》的成功推出,對 JTBC 是一種啟示。觸碰以往綜藝無法拿捏的政治領域,破例採用敏感素材,以及如何讓觀眾接受節目的非中立態度。《舌戰》成功的後,2013 年夏天,JTBC 又悄悄將觸角伸到電視節目的另一個禁忌——開誠布公地討論動搖男人心的「魔女故事」,推出了包含性生活的 19 禁戀愛諮詢節目《魔女狩獵》。

形象強烈《魔女狩獵》和《非首腦會談》絕妙的跨半步

《魔女狩獵》找來情色玩笑達人申東燁,塑造了節目談論露骨性愛的形象,然而理論等內容則分別交給「無性欲者」和「專家」代表,包括語氣淡定的許志雄(影評人),還有郭貞恩(女性雜誌總編輯)。這個節目同時也像是青春戀愛諮詢節目,雖然帶有辛辣形象,但為了避免過於露骨或讓

人不悅，節目找到了自己的平衡。

企劃上，節目操作敏感素材但是採取不過度深入的態度，在男主持群中加入女性專家，讓節目形成均衡感。電視台將政治脫口秀《舌戰》裡的成功公式，適當運用在《魔女狩獵》。超越禁忌，但只跨出半步！2014年JTBC綜藝部推出的《非首腦會談》更是將這個技術完全發揮。

節目募集了操流利韓語的在韓外國人，加上三個主持人，談論各種社會議題以及20、30世代的韓國青年煩惱。內容和之前KBS的《美女們的嘮叨》有點類似，但有別於《美女們的嘮叨》的V字舞台，《非首腦會談》打造了模仿實際會議室的ㄇ字形桌，讓來賓不必經過主持人就能展開激烈辯論。

演出者優秀的韓語能力與口條，讓節目既精彩又具深度。這個節目不再只是單純的綜藝，而是進步vs.保守、個人主義vs.家庭主義等衝突立場能夠展開對話、激烈辯論的空間。

主持人劃錯線導致人氣下滑

　　從外國人的角度批判韓國社會，提出對策。就目的而言，《非首腦會談》明確超越了《美女們的嘮叨》。然而，當討論越走越深入時，製作團隊會出面干涉，他們主張《非首腦會談》還是綜藝，不應該以討論為主。

　　再加上，節目中的「錯誤」言行經常被包裝為「彼此間的不同」並帶過，例如社會對於同性戀毫無根據的嫌惡，或是對於厭女議題，主持人對於性別權利明顯認知不足的發言，也未經過濾就被播出。尤其是缺少社會經驗的主持人成始璄（歌手），有不少次出言擁護韓國企業中的不合理文化、強迫個人犧牲的氛圍，遭到諸多批評。問題的起源在於，應該居中整理各方意見的主持人，卻積極地將「錯誤」解釋為「不同」。

　　《魔女狩獵》的主要觀眾群是 20 至 49 歲的女性，但節目主持人有一天卻毅然以刻板印象將女性區分為「豆醬女」[7]和「概念女」[8]，不改討好異性戀男性的對話傾向，讓觀眾感

7　豆醬女又稱大醬女、味噌女（된장녀），指愛慕虛榮，在經濟上依附他人的女性。
8　概念女（개념녀），指性觀念開放、經濟獨立的女性。

到厭倦。而《非首腦會談》的溫吞也開始讓觀眾失望。最後，《魔女狩獵》收視率下滑停播，《非首腦會談》則是在新一季大幅更換來賓。這樣的做法是否有效，仍有待觀察。

不停探究「新的禁忌線」所在，是先驅者的宿命

靠跨越禁忌去吸引觀眾，觀眾自然會期待看到節目不斷挑戰下個禁忌。如果不多加觀察再次跨步的時機，以及前往的方向，企劃方向上的猶豫很容易造成觀眾期待值下降。

一旦成為先驅者，需要對抗、超越的對象將不再是競爭者，而是過去的自己，以及今日世界的價值觀。

節目的賣點在生活

2016 年底 JTBC 的《請給一頓飯 Show》，節目類型也接近脫口秀。節目沒有知名來賓，賣點似乎就只是看李敬揆和姜鎬童吵吵鬧鬧，或是不斷地吃閉門羹的樣子。然而在節目出名後，對於韓國人最喜愛的藝人組合，願意給他們一頓飯的大方家庭越來越多了。

長期的經營下，觀眾終於看到節目真正的趣味所在──共享一種平凡的樂趣。觀眾可以看到兩人造訪的社區的特色，藝人和群眾的對話激盪出的火花，還有傾聽晚餐餐桌上發生在你我身邊的生活故事。

例如，在首爾市聖水洞遇見的年輕夫妻，觀眾看到他們因為自己在難苦時期接受過幫助，如今也反饋去照顧他人；還有在滄川洞遇見的中國留學生，大談異鄉生活的苦與樂；昌信洞的老奶奶對於孫女要她戒菸的埋怨充耳不聞，

裝起蒜來的老奶奶，竟比李敬揆和姜鎬童的吵鬧戲碼更具吸引力。

沒有知名來賓、遊戲、甚至沒有攝影棚的脫口秀企劃

比《請給一頓飯 Show》更早開始的 JTBC 綜藝《說話之路》很容易被經營成演說類節目，節目沒有舞台或觀眾席，就是讓演說者站在路邊說故事。在草創期，因為拿著麥克風的演說者不具高知名度，還必須自己去說服路過的人來聽。

「演說家」中，有以「賣詩」出名的河尚旭詩人，也有像許聲泰這樣剛打開知名度的演員。節目的企劃設定獨特，不是讓人家來室內聽故事，而是讓演說家去接觸路上行色匆匆的行人，請人家在此聽故事。這樣的節目要說它是演說類節目，也不太精準，因為演出者還包括柳炳宰這樣將舞台做為個人喜劇舞台來發揮的人，也有崔瑞允（獨立雜誌《剩餘月刊》總編輯）這樣將舞台作為吐露真實想法的人，也有像吳英煥消防官這樣談論救助活動的甘苦，藉機向市民請求協助的人。

正確來說，《說話之路》算是一種變形的脫口秀。

還有《金濟東的 Talk to you》，有別於前面兩個節目，

它是三者中最具傳統型態的脫口秀：掛出主持人名字＋house band＋不同領域的專家＋分享故事的來賓。連租借大學或市民會館大講堂來錄影這一點，也不脫離脫口秀典型。

《金濟東的 Talk to you》和其他脫口秀的不同之處，在於節目中多數的談話不是來自來賓與專家，而是旁聽觀眾。金濟東不向觀眾提問，並把麥克風交給提出有趣回應的觀眾，鼓勵他們說出自己的故事。主持人在觀眾席間走動、轉遞麥克風的時間比在舞台上還多。這些觀眾的故事越有趣，來賓和專家說話的比重就會越少。「你的故事才是劇本」正是節目提出的企劃主軸。

走出攝影棚之後，要走去哪裡？

JTBC 電視台透過這三個節目，鮮明地展現出自家脫口秀的方向性。

《金濟東的 Talk to you》在全國大學巡迴，《說話之路》走上一般人會出沒的道路，《請給一頓飯 Show》進入平凡人的家中共享一餐。《說話之路》抹去了舞台和觀眾席的界線；《金濟東的 Talk to you》和《請給一頓飯 Show》透過藝人對於你我的平凡故事的傾聽，扭轉了舞台和觀眾席

的關係。

　　當其他電視台陸續停播脫口秀，JTBC 以《舌戰》、《魔女狩獵》、《非首腦會談》開闢新的主題，以《金濟東的 Talk to you》、《說話之路》、《請給一頓飯 Show》將麥克風交給新的人。在大家以為脫口秀的體裁已經沒有任何可能性時，JTBC 堅持挖掘它的潛能。這家電視台的形象好像一直拿好成績的優等生般令人討厭，然而在走近大眾的這場實驗上，它的確非常成功。

3

tvN 如何贏過無線電視台？

對於韓國觀眾而言，對 tvN 這樣的有線電視頻道和傳統的無線電視台，信賴感完全不同。剛開台的 tvN，為了累積人氣走煽情路線，造成「無法自豪地說自己看過這個頻道」的反應出現。直到 2016 年底，情況正式地完全反轉。tvN 推出的《Signal》、《鬼怪》，無論是作品本身或是票房，都成為年度話題。一時之間，幾乎所有的話題連續劇都是由 tvN 出品。2006 年到 2016 年，這 10 年間 tvN 到底做了什麼改變呢？

挖掘新人才、把無線電視台的成果當作要超越的標竿，這些都不能忽視。但最重要的是，tvN 掌握了「在大城市居住的年輕上班女性」這個觀眾層。電視台主要的節目企

劃都以她們的需求為核心,打下基礎,才有今日的 tvN。

任何企劃都不可能一開始就滿足所有人。因此,關鍵在於判斷「誰」才是忠誠度高的核心消費族群,以及你能「多快速」地掌握這群人。

本章會討論 tvN 透過《沒禮貌的英愛小姐》、《需要浪漫》等系列劇,如何成為代言了韓國 20 至 49 歲的女性欲望的娛樂頻道,以此為基礎,逐漸累積足以和無線電視台對抗的專業與人才後,成為名副其實具競爭力的電視台的重生過程。

專注在忠誠度高
的消費族群

「哇！會在釜山電影節出現的演員全都出席了！」2016 年，是 tvN 10 週年開台紀念，頒獎典禮《tvN 10 Awards》於韓國國際展覽中心舉辦，現場紅地毯的華麗排場，絲毫不遜色於韓國最大的電影節。

一家電視台的頒獎典禮，能讓金惠秀、車勝元、朴根瀅、惠利、芮智媛、金成均、趙震雄、任時完、李成敏、李順載、柳海眞和李瑞鎭等藝人齊聚一堂，浩大場面相當罕見。出席陣容，完全不亞於百想藝術大獎或青龍電影節，這是 tvN 的勝利宣言，等於無聲宣布他們已經擊敗無線電視台，成為韓國最熱門、最力吸引藝人或創作者的頻道。

讓 tvN 起死回生的觀察

10 年前的 tvN，絕對無法想像今日的局面。開台時期，tvN 走露骨煽情路線，一直在垂死邊緣掙扎。這個電視台做過的綜藝節目包括《tvNGELS》，因為過度暴露而遭懲處，還有掀開不倫現場、拍攝激烈爭吵夫妻模樣的假紀錄片《獨孤永宰的現場報告－緋聞》。

連續劇也是一樣煽情。tvN 開台時推出迷你劇《鬣狗》（2006），標榜韓國的男人版《慾望城市》，用當時主角吳滿錫對這齣戲的形容則是：「（煽情程度）會讓我播出後被埋葬。」第一次播出，收視率接近當時有線電視台的最大收視率 0.5％，雖然足以輸出到海外，但 10 年後的今日我們發現無論在 tvN 網頁或任何地方都找不到此節目的痕跡，甚至在電視台的歷史節目名單上也找不到。

讓 tvN 成為今日「連續劇王國」的起點，是 2007 年播出的《沒禮貌的英愛小姐》系列。該劇在內容上，承襲了 2005 年 MBC 的《我叫金三順》，著墨 30 世代上班族女性的愛情與生活寫照；形式上，則明顯受到美國情境喜劇《辦

公室瘋雲》[9]影響。《沒禮貌的英愛小姐》把焦點放在「平凡女性」受難記，生動描繪了女人在曲折的職場生活中如何定位自己。

　　劇名很明顯是抄襲當時朴贊郁的電影《親切的金子小姐》[10]，以熱門話題賦予戲劇惡趣味的意圖相當明顯。然而，這部作品的收視率與收視群引起了 tvN 連續劇部門的注意。支持《沒禮貌的英愛小姐》的觀眾，大多數是居住在大城市、年齡落在 20 至 49 歲間的職業女性。這些平凡的女性上班族，在上下結構明顯的職場中，永遠是乙方，無論工作能力、外貌、人品都被迫要接受甲方的評價。《沒禮貌的英愛小姐》的編劇理解自群人的苦衷與渴望，這群人也持續地給予支持[11]。

　　如果要用露骨的節目來鎖定成年男性，對男性觀眾而言，

- -

9　《辦公室瘋雲》(The Office) 是美國國家廣播公司（NBC）以英國廣播公司（BBC）的《辦公室風雲》為藍本所改編的美國情境喜劇，於 2005 年 3 月首播。

10　韓國知名導演朴贊郁《復仇三部曲》的最後一部，由李英愛擔任女主角。

11　《沒禮貌的英愛小姐》成為韓國最長壽的喜劇，2007 年至今共播出 15 季、273 集。

還有更露骨更刺激的電影頻道深夜節目或付費成人頻道可選；然而，舒緩年輕女性觀眾欲望的電視台，相對則較稀少。

　　tvN 連續劇部門因為這部戲劇，決定瞄準這群忠誠度高的觀眾當作主要觀眾群。這是用《鬣狗》來瞄準成人男性的 tvN，轉換策略和方向，開始從無線電視台一步步搶走 20 至 49 歲女性觀眾群的決定性瞬間。

瞄準目標觀眾的欲望，更勇敢、更不留情地執行

　　tvN 攻掠年輕女性的節目企劃從多角度的策略展開。《需要浪漫》系列（2011），描繪三個國中同窗女子的戀愛故事，從日常對話到深入的性愛觀念，都從年輕女性的角度切入。《仁顯王后的男人》（2012），將保守的無線電視台難以嘗試的穿越題材引進浪漫喜劇，吸引了喜歡外國穿越題材的年輕觀眾。《Nine：九回時間旅行》（2013）、《Signal》（2016）等一連串的時空穿越劇，如果沒有《仁顯王后的男人》的成功，可能也不會問世。至於 tvN 的《花美男》系列，從《花美男拉麵店》（2011）開始，到《閉嘴！花美男樂團》（2012），再到《鄰家花美男》（2013），又是如何操作的呢？

《花美男》系列，果斷並成功地滿足了女性觀眾想要消費男性藝人外貌的欲望。tvN 忠實地反映了年輕女性的需求，端出比無線電視台更直率的戀愛故事、更突破的類型劇、更不留情地消遣。

雖然，後來母公司 CJ E&M TV 事業部合併了 On Media，順應潮流增加了 O'live、Story on 等女性專門頻道，讓原本 tvN 的專屬特色——年輕女性觀眾的頻道，就被其他頻道瓜分。然而，這段時期的攻掠女性觀眾的策略與執行，讓 tvN 穩定累積了自行製作戲劇、宣傳、行銷上的經驗。

擴張消費者族群

　　為發展中的 tvN 正式打造出「連續劇名牌」地位的幕後功臣，是毫無戲劇經驗的綜藝製作人申元浩和企劃李祐汀。從 KBS 離開後，他們到 tvN 製作的第一部作品不是綜藝節目，而是連續劇《請回答 1997》（2012）。劇中忠實呈現金大中總統當選、H.O.T. 與水晶男孩等偶像全盛時期，正經歷巨變的 1997 年的韓國社會。這部作品，讓 30 世代的都會女性回顧了她們的青少年時期，與 tvN 的目標策略完全一致，也成功提高了 tvN 的地位。

　　《請回答 1997》的效益不只如此。這部戲劇讓劇中父母角色所代表的 50 世代，以及對於 1997 年代只有模糊印象的 20 世代，都產生共鳴。

　　當 tvN 知道如何掌握更寬廣的觀眾層後，韓國娛樂產業

的局勢就越變越有趣了。《請回答 1997》9.5％的收視率刷新了有線頻道的紀錄，打敗無線電視台，內容的話題性也躍上第一。後續作品《請回答 1994》（2013）、《請回答 1988》（2015～2016），分別刺激了今日 40 世代和 50 世代的鄉愁，對於擴大 tvN 連續劇的觀眾層，有莫大的貢獻。一起回顧最閃耀的青春時代，自然是觀眾無法拒絕的邀請。

以明確的核心，慢慢擴展外緣

以《請回答》系列擴展出的觀眾層，因為 2014 年的《未生》得到更大幅度地擴張。從 20 世代社會新鮮人、回憶奮鬥年代的 50 世代上班族，到就業者與就業者的父母。改編有廣大鐵粉的網路漫畫，是莫大的賭注，而電視台不破壞原著的精準詮釋，成功地將原著的粉絲網羅成為電視台的觀眾。功臣之一是金元錫導演，他以張弛有度的節奏、卓越的影像美感和細膩的感情戲，成功用小螢幕還原了網路漫畫世界。

《未生》得到了「繼 KBS《TV 孫子兵法》（1987～1993）之後的最佳職場劇」評價，橫掃當年度的有線電視大獎、百想藝術大獎、首爾連續劇獎、亞洲電視獎，創下平均收視率 5.55％，瞬間收視率 10.3％的紀錄。

此時的 tvN 連續劇，幾乎在各種類型劇都累積了超越無線電視台的經驗。原著改編的《未生》、呈現都會女性生活的《需要浪漫》系列、描繪崩潰日常與工作的《沒禮貌的英愛小姐》、回味 80、90 年代的青春成長劇《請回答》系列、穿越或科幻題材的《仁顯王后的男人》、《Nine：九回時間旅行》等等，除了歷史劇、每日連續劇，無線電視台已經不在任何類型劇上占優勢。

tvN 的母公司 CJ E&M 看好前景開始大張旗鼓，成立連續劇製作子公司 Studio Dragon，開始購買如《傲骨賢妻》（Good Wife）等海外連續劇的翻拍版權；同時，也召募了一批被無線電視台以收視率為由退劇本的編劇，進一步掌握了需要專業知識的職人劇觀眾層。

經營被其他電視台退貨的劇本

tvN 紀念開台 10 週年排出的連續劇與演員的陣容，不管看幾次都是不可能的名單。金惠秀以《Signal》重返睽違三年的電視劇舞台，全度妍以《傲骨賢妻》重返睽違十一年的小螢幕，《Dear My Friends》則是將眾知名演員包含金英玉、申久、羅文姬、金惠子、尹汝貞、高賢廷、趙寅成等人聚集一處，完成了奇蹟般的演員陣容。甚至，連電

視台期待值較低的浪漫喜劇《又，吳海英》都吸引了大批觀眾，女主角徐玄振借此成為下一代的「Local 女王」。

背後的驚人故事是，金恩熙的《Signal》、盧熙京的《Dear My Friends》都是之前無線電視台以擔心收視率為由拒絕的「不明確」作品。tvN 勇於投資且眼光精準，除了長期攻掠的年輕女性觀眾，也讓職人劇粉絲、老年觀眾、主婦粉絲等更寬廣的觀眾群，開始收看 tvN 的連續劇。

從《鬣狗》出發，到《tvN 10 Awards》星光熠熠的紅地毯，不過只有十年。在競爭激烈的連續劇領域，無線電視台一年只要有一兩部作品成功就算成功，而 tvN 光是 2016 年就推出了《乳酪陷阱》、《Signal》、《又，吳海英》、《記憶》、《Dear My Friends》、《傲骨賢妻》、《獨酒男女》、《鬼怪》等成功戲劇。娛樂產業的特色就是，今天不知道明天的事。不過至少在這一刻，說到能夠製作韓國最優秀、最暢銷連續劇的頻道，tvN 當之無愧。

第三章
領先者的跑法

CH4 解讀時代欲望的方法

1

誰的欲望？
獨居時代的綜藝

　　根據動態的環境修正策略、淬煉出現象的本質、掌握核心消費層需求⋯⋯這些行銷上的策略與技術，目的是為了更深層地理解現在的人想要什麼。各產業的行銷人員為了企劃新商品或促銷，經常需要預測新的年度會流行什麼，做趨勢分析，甚至是預測下一個大選誰會勝利。

　　像這樣浮出的新時代趨勢，可能是最新的欲望，或是活在前所未見的世界裡頭的未知對象，我們或許難以實際接觸。大部分的對象明明就在眼前，卻被隱藏起來。人們無法充分享受的、感到匱乏的地方就是價值所在，「價值」會被換上新名字或包裝，重新登場。

舉例來說,「獨吃」的趨勢,源起於獨居的人增加,以及現代人匱乏的私生活;而「吃播秀」趨勢與流行恰恰相反,源起於想和某人一起吃飯的欲望,觀眾透過節目能獲得參與感。追求幸福感(well-being),是對於效率時代下忽略了精神的成長和幸福、只看價格和性能比的反省;「YOLO(You only live once)」一族的登場,反駁了「為了未來的幸福忍耐眼前的痛苦或不合理」的韓國社會。眼前的、理所當然的價值,當我們無法掌握它的重要性所在,或是因為時代變化,無法再理所當然地享有,便會化為「當代的欲望」而浮現。

對於綜藝、戲劇等娛樂如何抓住時代的欲望,發展為影視內容,本章會舉出實際案例。當傳統大家族崩壞,在個人縮小化的潮流中,娛樂要能抓到個人的「共同體意識」,因此,取代家庭或是能滿足情緒的「吃播秀」、育兒綜藝、假想戀愛、交友等綜藝與消費習慣開始出現。年輕世代對於承受傷痛感到疲憊,需要能在人際關係上能給予自己安慰的,或是滿足對於美好舊時代的鄉愁的事物。娛樂內容,要能明確地處理感情深度。若只是唱著扁平化的情歌,將只是在複製或消費過去。

本章中對於近年潮流的考察結果,會有些憂鬱和沉重。

舊秩序崩塌，足以建立新秩序的經濟穩定也在消失，這個時代裡的韓國人，想要的是樸實、能安慰自己的，並且留下苦澀餘韻的消費與大眾文化。然而，越是在這個時候，用細膩的企劃撫慰人心，可以說是企劃者的職責。接下來，讓我們來看席捲韓國社會的一連串風潮，看大眾文化如何捕捉「能安慰這個時代」的欲望。

不安定的時代，
人們缺什麼？

如果在10年前有製作人提議「拍攝獨居藝人的日常生活，每週播放」，或是「在週末黃金時段播放擁有爸爸身分的藝人照顧孩子的模樣」，會被認為是「沒想法」。電視娛樂要能提供更刺激、更像樣的看頭，一個人躲在房間生活的模樣，或是孤單育兒的過程，會有什麼娛樂效果呢？關於育兒，出現的應該是像《GOD的育兒日記》那樣，呈現年輕偶像團體集體照顧孩子的模樣；如果想知道藝人如何生活，那就看《演藝家中介》或是《深夜TV演藝》即可。

然而近十年的電視內容卻不一樣。韓國人透過MBC《我獨自生活》可以看到獨居的藝人，面對寂寞的掙扎模樣；看到KBS《超人回來了》中用盡方法幫雙胞胎洗澡的藝人李輝才，會忍不住發噱。

數十年前被視爲空洞的企劃，今日會被放在週末的黃金時段。

比起華麗，先做急迫的事務

前面我們談到 JTBC 的脫口秀以追求「嶄新」來跨越禁忌，再次朝著「普遍性」跨出一步，拓展了綜藝的體裁幅度。捕捉這樣的動向最先出現的就是「觀察綜藝」。綜藝的動向，逐漸從追求「不同且嶄新的」轉變爲追求「熟悉且缺乏的」。

我們在大城市中獨居，感到寂寞，爲了確定自己不是一個人，會收看獨居綜藝；現代父母在養育孩子的日子裡，每天在絕望感和幸福感中來回數十次，爲了確認旁人也有相同經歷，會收看育兒節目。隨著社會結構複雜化、多元化，身在其中感受到的疲憊和寂寞，成爲普遍性經驗。看著提供嶄新情報的綜藝節目的同時，想看到「和我一樣」塡補孤獨的人們的欲望逐漸擴大。透過娛樂節目看著某人的日常生活，得到一點溫暖，進而確認這樣的煩惱和孤獨不是我獨有，也得到安慰。

在安全富足的時代，人們雖然會追求自己無法體驗的新刺激，但在一些看起來理所當然的事卻相對做不到的時期，

就會尋找熟悉但缺乏的體驗。

　　我們希望某人對自己的處境有共鳴，或是滿足現況中無法即刻滿足的欲望。只有三餐溫飽的人才會去追求舌尖上的享受，才能投資時間或資源去探索未曾體驗過的事物，對要充飢的人而言，填飽肚子比舌尖享受更急迫。

　　只要比較 2009 年 ORION 推出的人氣餅乾「Market O」系列商品的商品策略，以及 2015 年金惠子便當[1]的商品策略，就能看出時代的變化。不景氣中登場的優質餅乾 Market O，是強調使用有機材料且環保的健康品牌，商品落在 3000 韓圜到 5000 韓圜的價格帶（編按：約相當於台幣 85 元至 150 元），這樣的價格雖然比一般餅乾昂貴，但對於韓國人來說並不是吃不起。比起價格，該商品讓消費者覺得「物有所值」（value for money），或滿足了在小事物上享受奢侈的「小奢侈」（small indulgence）消費者心理，一時蔚為話題。但，當不景氣持續，在經濟動能耗盡的 2015 年推出的金惠子便當又是如何呢？相較於價格，它是以大分量獲得高評價。

1　韓國 GS25 便利商店找來老牌演員金惠子代言的系列便當。以媽媽形象作為招牌，強調菜色、分量豐富，肉類和蔬菜俱全。

近年的韓國綜藝也有這類的傾向。若是去觀察受到大眾喜愛的節目，大致都不是追求嶄新或是特別化的節目，而是會讓觀眾產生共鳴，感受到相同情緒，以普遍性為基準的節目。

我們看到各種選秀節目持續分季播出，而該類節目從專注於「實力」，逐漸將重點改放在「參賽者的故事」；脫口秀節目把麥克風交給平凡人；談論藝人華麗緋聞的節目幾乎沉沒，取而代之的是觀察藝人獨自吃飯或養育孩子的觀察綜藝。這些都發生自大眾希望透過綜藝節目克服被孤立、尋找共鳴的懇切期待。

當家庭安定崩塌，
老人和青年成為孤島

觀察綜藝無所不在。2013 年 tvN《花漾爺爺》打響了銀髮綜藝的第一砲，在那之後的綜藝，可以理解為觀察綜藝的延長戰線。韓國社會因長期經濟停滯，最先迎接的是傳統家族型態崩解。擁有穩定經濟的保護，通常代價是承受權威的家族制文化，而這變成韓國社會無法繼續維持和承受的型態。家族型態逐漸變成核心家族、兩人家庭，進而縮小為一人家庭，過去由大家庭執行的對個人的照顧與保

護作用,因國家社會的不景氣,無法再織出安全網。

壓倒性的孤立感和孤獨感,造成了獨居綜藝的旋風;無法展望穩定的老年生活的時代,觀眾透過銀髮綜藝「燃起生命最後精彩火花的老人的世界旅行」,得到代理滿足;能幫助育兒的家庭成員減少,造成放棄結婚或生產的族群增加,因此出現了育兒綜藝;獨自用餐的人在飯桌前感受到的淒涼感逐漸蔓延擴大,吃播秀就開始流行。

透過滿足大眾期待而獲得成功的人士當中,有不少人成長於最迫切不安的年代。在韓國,位居各領域第一名的企業,有 15% 以上是在不景氣時期躍為第一。讀取時代欲望,推出能撫慰欲望的商品,獲得觀眾選擇,這在影視產業中是理所當然的行為,然而這類企劃卻不僅適用於影視文化。快速讀取人們微小卻迫切的欲望,是諸多產業的成功祕訣,一如開始把一人座位設計得美輪美奐的麥當勞。

如何解讀「那些人」的欲望

韓國某行動通訊公司的廣告中,進入麵包店買蛋糕的演員趙震雄以愜意表情說出以下台詞:「分享蛋糕,就是分享彼此的心。一塊小小的蛋糕,擁有讓散落的家人聚集在一起分享心意,創造回憶的力量。所謂創造回憶,不過如此。」

但大家不妨去住家附近的麵包店看看,賣的蛋糕有十之八九都是一人份的小蛋糕。社區超市裡賣的水果,也是切好分裝的,那當然也是要賣給獨居的人。

從綜藝窺看今日占壓倒性多數
的家庭類型:獨居戶的生活

2011 年,韓國一人家庭的數字超越了四人家庭,當時認為大概再過 10 年,一人家庭將超越二人家庭。不過才短短

五年，一人家庭如今占了全國家庭數的 27.2％，達到 520 萬戶，迅速成長為占比最高的家庭類型。同情一人家庭的社會觀點又再度改變了。針對「單身族」而設的展覽會爭先恐後舉辦，瞄準了獨居者的生活風格，推出新的家電產品。寵物取代家人的生活趨勢，也讓寵物相關產業快速成長。房地產市場的情況也出現了變化，韓國從 2009 年以來，提供給一至二人家庭的都市型住宅，每年平均有 7 至 8 萬戶竣工。首爾松坡區的微型房屋，是一人家庭時代建築的模範，在四坪左右的房間內安裝廚房和廁所，既確保私人空間，也保留陽台或走廊等公共空間。現在的大韓民國，確實充滿了獨居的人。

影視界中最先感應到這種變化的製作單位之一是 MBC《我獨自生活》的節目小組。2013 年推出《男人的獨居時代》試播，一個月後以《我獨自生活》的名稱正式播出，此實境秀會讓觀眾目睹藝人獨居的光景。自然而然的觀覽，重點就是他們在家如何打掃、生活時怎麼解決三餐，或用什麼方式排解寂寞。

來賓中有像資深演員金容建這樣打掃、料理、時尚和社交生活無一不精的人，也有像演員徐仁國、歌手陸重烷這樣把家裡堆成像垃圾間的人。然而，節目的宗旨並不在於

指出這樣的獨居生活是錯誤的，或是結婚才是解答。《我獨自生活》傳達了真正的獨自生活，並不是如刻板印象，一定是悲傷或可憐的事。別人怎麼看不重要，幸不幸福應該要問當事人。

對「正常家庭主義」的抵抗，
綜藝如何解讀時代精神？

　　當節目內容變得理所當然，一切看起來似乎就不那麼真實了。不過《我獨自生活》的成功確實驚人。它的成功之處，在於不把獨居者的日常風景當作奇觀來消費，而是讓觀眾對於「我這樣的生活」產生共鳴，有所回應。節目不會讓主角假結婚，或是編入虛擬的家庭，而是看到主角和鄰居變熟絡，產生交流。描繪一個人生活的英國電影《非關男孩》2002 年上映時，曾出現「那是英國的故事，韓國不太可能會發生」的觀影心得。不過 10 多年時間，韓國已經變成電影中所說的「每個人都是一座孤島」的社會。幾年前，這個國家裡到了適婚年齡沒有結婚的獨居人士還會被指指點點說是「自私」，現在卻有了巨大的轉變。

　　《我獨自生活》成功後，著眼於「獨居者」的商品意識逐漸抬頭。其中行動最快速的是韓國 CJ 餐飲集團。CJ 與 tvN

合作，2013 年底推出以獨居生活為主題，從飲食切入現代人生活、情感與人際關係的連續劇《一起吃飯吧》，一推出就獲得高人氣，成為少數能製作到第 2 季的連續劇。劇中的故事讓那些在意在餐廳獨自用餐，選擇獨自在家吃飯的人產生強烈共鳴。為什麼一碗炸醬麵不能外送？一個人走進烤肉店為什麼是令人猶豫的事？一人吃飯卻找不到適合的地方，這樣的現象以該連續劇為契機持續發酵。

「獨飯」[2] 這個詞開始被廣泛使用，成為流行用語。韓國的飲食文化向來強調團體生活，多人併桌是基本，如今開始善待「獨飯族」，餐廳會準備一人座，有的還不接受三人以上的客人，即使是年輕人聚集的街頭，只收一兩位客人的餐廳也慢慢增加了。

今日一人家庭的增加已成既定事實，但社會的趨勢不是要求他們脫離這種情況，而是一起思考如何克服這種生活方式會碰到的困難。

tvN 的實境戀愛節目《我耳邊的糖果》替因為各種原因而獨居的藝人（包括張根碩、徐章煇、Jisoo、慶收真等），介紹只能透過電話溝通的朋友。連續劇《獨酒男女》以驚

2　獨飯（혼밥），為「獨自」（혼자）和「飯」（밥）組合縮寫的新造語。

梁津考試村為背景，窺看考生將生活的喜怒哀樂都裝在獨飲的酒杯裡喝下的日常生活。O'live 新推出的脫口秀《獨自吃飯時 8 點見》，藉由獨自用餐的藝人一起分享適合獨飯的餐廳，撫慰彼此的心靈。餐桌上，過去是家人所坐的位置，今日由朋友、熟人、鄰居填補。比起共同生活，我們享受獨自一人的愉悅，在需要時邀請彼此作伴。

獨居綜藝，運用潮流的作用力與反作用力，SBS《我家的熊孩子》

從潮流中發現欲望，當然不會侷限於同一方向。例如 2016 年播出的《我家的熊孩子》[3]，參與的藝人金健模、許志雄、朴修弘、Tony An 等人都是長期獨居，或是和室友維持穩定同居關係的成年人，然而他們的母親卻認為自己孩子的生活型態是錯誤的、可憐的、需要他人幫助的，提出的唯一方案就是結婚。節目播出後，不到數週就取代了《我獨自生活》，成為同時段收視率第一的綜藝。在獨居戶增加的時代，為何這樣的觀念還會受到認同呢？

所有的潮流動力，都有它的反作用力。當時代尊重、滿

---

[3]　節目企劃內容是邀請單身男子的母親觀察兒子的真實生活。

足了一人家庭的欲望，希望自己的孩子能組成家庭的父母世代的欲望，自然也會找到它的代言人。父母世代的欲望因為落後於時代，被視為錯誤觀念，在沒有宣洩出口的期間，也更強烈地凝聚。

如果獨居綜藝只是反映了少數聲音，那《我家的熊孩子》不會獲得巨大成功。雖然到處都是獨居綜藝，但是代言（父母）這種欲望的唯一窗口就是《我家的熊孩子》：不管孩子長到幾歲，如果他沒有完成「正常家庭」模型，身為父母的都不會認為他是成人。

當然製作團隊中，也有人認為這樣的嘗試並不樂觀。節目正面否決了其他家族型態和生活風格，提出獨居綜藝為解決的方案。

然而製作團隊鬼斧神工地瞄準了上一世代的內心，在與《我獨自生活》正面對決下取得成功。節目的宣傳台詞中，提出這個企劃想要填補父母和孩子世代的空隙，這樣的綜藝方向是讀取了時代欲望後所啟動的方向，而且不順著大潮流，反而從逆行的小支流中發掘大眾的內心。

處理敏感的欲望主題時，
需要多一些考量和設想

　　觀賞《長壽商會》（2014）的試映會，電影開始前播放了 M 保險公司的廣告。廣告中老人配合搖滾樂開心跳舞的模樣，暗示著「只要準備好，老年也可以很愉快」；不過就在幾年前，針對老年人的保險商品卻選擇發出「年紀大了總會生病，不能沒有對策」的恐嚇訊息，差異不可說不大。然而回頭想想，我們的社會曾經像今日這樣正向地去描寫老人嗎？當鏡頭轉向老人，通常會描繪生命的盡頭就在眼前，許多作品都是捕捉這樣的黑暗面。

　　近十年來，故事一變再變。平均壽命增加、生育率低落，相較於全體人口成長，老年人口持續增加，我們的鏡頭無法再獨獨描述老年人的黑暗。

　　在生命盡頭的前方，微小的快樂更顯得閃耀燦爛，韓國

影視很早就捕捉到這樣的極端對照，開始發表描寫黃昏頂峰的作品。

朴鎮表導演的出道代表作《愛欲銀髮世界》（2002）描繪了老年情侶無關生理年齡燃燒愛情的故事。漫畫家姜草描寫兩個孤單老人晚年相遇故事的網路漫畫《我愛你》（2007），不論是改編成電影或舞台劇都受到喜愛。羅暎錫在 2013 年推出《花漾爺爺》，將華麗浪漫的旅遊風光與回顧人生的老演員框在同一畫面。姜帝圭在《長壽商會》[4] 中拋出的問題是：即使肉體衰頹、記憶模糊，老人還能戀愛嗎？

老人影視作品的光來自暗處

電影《長壽商會》的策略是強烈對比老年人生的光和黑暗。成七（朴根瀅飾）擔心自己會孤單死去，金妮（尹汝貞飾）的身體似乎日益衰弱，然而他們用學華爾滋、去遊樂園代替沮喪。金妮想和成七一起賞花，曾經錦簇的花團，現在也在等待凋謝了。

---

4 《長壽商會》（韓語：장수상회）又譯為《愛的禮讚》導演姜帝圭執導的愛情喜劇片；敘述年長者的黃昏之戀及關於家族親情的故事。

想永遠留住剎那的心情，是貫穿《長壽商會》的主題。雖然不盡相同，《花漾爺爺》的主題也是「不畏懼年老」，強調開朗的人生黃昏。當李順載爺爺說：這可能是以後看不到的風景了，他參觀遺跡的神情更顯專注；申久老先生對於年輕背包客的挑戰精神和青春無限讚嘆不已；朴根瀅爺爺為了讓共度一輩子的妻子也能欣賞異地風光，將旅行的影像留在照片中；白一燮老先生為了能更健康地旅行，持續運動來迎戰肉體的衰弱。

當然，這些作品也面對了限制。回應「老化」是老人自己的責任，還是從大眾的善意尊重出發，這一觀點的模糊導致了銀髮綜藝的退步。《長壽商會》中為了兩個老人的幸福出面的老闆長壽（趙震雄飾）和周圍的其他人物暫時登場後又消失。姜草的《我愛你》中消極展現了國家對老人究竟提供了什麼服務。《長壽商會》對此避重就輕，《花漾爺爺》也有類似的問題。

有不少觀眾將《花漾爺爺》系列嘲諷為「領著年輕力壯的挑夫，去海外旅行幾天的有錢老頭的故事」。

當描繪「期望值中的老人」的作品越來越多，那麼沒有餘力的人相對地就會產生強烈的被剝奪感。

銀髮綜藝題材的動搖

對於綜藝節目與它的消費階層而言，老人的「衰老」或「古老」屬性，不再是生物面的問題，而是倫理面的問題，這一點很難忽略。在電影《長壽商會》裡，社區的人推動開發，所有人都熱烈贊成，只有老人星七一人反對。贊成方把重點放在財富增加、社會階級提升上，然而《長壽商會》並未提及開發帶來的共同體解體等黑暗面。反對變化的頑固老頭，對上希望藉由開發享受未來的年輕世代，劇情讓對立結構單純化，卻也把星七希望在一地走完人生的心願本身，描寫為共同體的弊害。

若是對現實的描寫過於扁平化，只強烈表達老人經歷的孤獨感，不描述對此的對策，或是煩惱的痕跡，反而會讓觀者更焦慮。這就好像問對方「你渴了嗎？」之後又不給水喝一樣。

《花漾爺爺》節目在逛街消費的行程中也產生了類似的問題。白一燮因體重過重和關節老化，難以長時間行走，如果走太多路就會抱怨，遲遲無法抵達目的地。有部分年輕觀眾開始在網路上表示不滿，「大家都一起吃苦，自己卻沒責任感似的鬧脾氣」、「累的話，（李順載、申久、朴根瀅等

的）大哥們不是更累嗎？」、「如果覺得所有事都很麻煩，那為什麼要去旅行，拖累其他人呢？」等等的惡評出現。

　　觀眾將老人肉體衰弱的自然症狀，當作倫理問題來批判。白一變在下一次旅行之前調整飲食、減重，仍無法平息觀眾對於造成一行人落後的白一變的批判。剛開始第一、第兩季，可以說是孫子世代和爺爺世代填補空白的瞭解過程，然而第三次旅行也出現類似的反應，造成同樣的四人組合無法再次成行。

　　影視內容的創作者，並沒有如實反應現實、摸索對策或提出鼓勵的義務。綜藝節目透過作品展現趣味或感動，義務應該到此結束。然而，吃播秀、獨居綜藝、育兒綜藝等沒有提出相關議題的解決之道也沒有受到非議，為什麼獨獨銀髮綜藝是這樣呢？銀髮綜藝有別於獨居綜藝、育兒綜藝或吃播秀，主角填滿欲望的時間有限，然而觸及欲望議題時，也需要討論到形成根本支點上的努力。

　　2013年後如雨後春筍冒出的老年題材，如今逐漸減少的理由就在這裡。要創造欲望的代理滿足，也應該思考如何健康地紓解這個欲望。尤其是方向觸碰到老人問題中的敏感部分時，企劃應該往更可行、更謹慎的方向思考。如果是針對短期間內會快速消耗的欲望，企劃發展可能會窒礙

難行。

　　探討老化、死亡的連續劇中，提到同年齡層老人間的友誼與時代故事的同時企圖找出對策的作品，只有 2016 年 tvN 製播的《Dear My Friends》。作品中將老人之間也可以互相照顧當作對策，這樣的願景，與 2010 年首爾市衿川區和社會型企業 SH 共同執行的保鄰住宅事業（以低廉價格提供一群老人舒適的住宅設施，入住的老人彼此照顧做鄰居，克服孤獨死、憂鬱症等老人問題的示範模型）相似。當然作品內並沒有介紹這類事業內容，只是暗示老人可以用手牽手的方式面對結束，《Dear My Friends》在紓解時代欲望上，順利地收尾。

2

欲望的模樣
渴望吃吃喝喝、渴望戀愛的時代

IMF時代，韓國歷經了漫長的不景氣[5]，貧富懸殊日益加劇，中產階級可運用的所得大幅縮水，增加的只有家庭債務，大眾失去了生活的滋潤。許多人放棄和家人一起用餐，放棄了選你所愛的戀愛夢，甚至連組織家庭的希望都拋棄。不婚，不是因爲是不婚主義者，而是經濟情況不允許。在韓國，放棄戀愛或結婚的人數逐漸增加，之前理所當然的

---

[5] 1997年，韓國深陷亞洲金融風暴，為度過金融危機求助於國際貨幣基金組織（IMF），使用了救助貸款，從此喪失經濟主導權。韓國經歷近四年的慘痛改革才脫離IMF組織的經濟管控。

事物、不會被電視綜藝當作題材的現象，也開始化為有感的內容浮上檯面。

看著別人吃美食，這樣的景象變得能填補內心的空虛，撫慰獨自用餐的孤獨感。吃播秀或烹飪節目因為能刺激感性而受到矚目，這股熱潮從網路開始延燒、轉移到電視，再循環到其他媒體。綜藝節目中，藝人的模擬結婚生活、戀愛或露營等戀愛類節目延續了命脈。然而，被生活耗損、鮮少激動或心動感的青壯年階層，對吃播秀或烹飪節目的反應比看到年輕藝人更強烈。一起吃飯、一起生活、一起展開戀愛的瞬間，都成了難以滿足的欲望。

當然，排解欲望的程度，是由消費者來控制安全界線。情歌讓你可以保持距離不受傷，模擬戀愛節目讓你可以在安全的距離內體驗愛情的刺激，吃播秀能撫慰寂寞，這樣的時代正全面襲來。

吃播秀，
是溫暖還是情色？

吃，雖是日常生活，實際上也是相當崇高且充滿情緒的行為。若身處食物取得困難的環境，吃，自然是為了求生的自我照顧行為；和他人分享食物，則是壓制生存本能，摸索著如何共存；替別人做飯，提供的是生命中偉大的一餐。這樣的說法並不是過度的假設，在人類邁入農耕社會之前，原始的吃飯就是這樣的意義。吃飯的本質，是愛自己，並和他人分享愛。家人的同義詞是「這口子」，擁有「一起吃飯的嘴巴」的涵義。

滿足的不是胃，是內心的洞：
撫慰獨飯族的「吃播秀」

日復一日的生活中，吃飯的情緒作用經常被忽略。工作

途中急著解決的一餐，沒有任何情緒進入的縫隙，對於為了業績或拜訪顧客一天安排了三、四個約會的人而言，吃飯本身是痛苦的。結束忙碌的一天，回到家已經是就寢時間，家人彼此各自用餐。至於沒有吃飯對象的獨居者更不用說了，吃飯行為大概就是從冰箱拿出小菜，自己從電鍋裡盛飯，所展開的夜晚看起來相當憂鬱。把碗放入水槽中的那一刻或許會這樣想：如果能有一起吃飯的人在就好了。

網路上有「吃播秀」，電視台爭相推出食物節目，這類「食物娛樂」的人氣就是基於這個緣故。跟我說話、讓我吃某道菜的那個人，就在螢幕對面跟我說話，他（她）在誠心誠意地做料理，人們現在透過螢幕尋找那個對象。在節目中，我們感受到演員尹啟相和權律為了一桌客人流汗準備套餐（O'live《尹啟相的 One Table》），鄭埻夏和一票朋友一起找餐廳、試吃美食（Y-STAR《食神之路》），觀眾由洪錫天帶路前去深夜食堂，過了營業時間的廚房裡，廚師等待著為我們準備消夜（O'live《廚師的消夜》）。畫面中的食物，雖然無法一起吃，但是我不覺得自己孤單，我就像是某人的「家人」一樣。

這裡的企劃核心，不是「華麗製作」或是「大吃特吃」，而是展現料理者在挑選或處理材料過程上的細膩處理，或

是讓視覺上更美味的擺盤誠意等。觀眾生怕錯過餐桌上食物的滋味，全心全意感受試吃者的表情。懷著誠心、愛意傳達品味的過程，才是食物類娛樂的核心，金素姬（O 'live《家庭料理 by 金素姬》）這樣用冷冷的慶尚道方言，邊做菜邊嘮叨的廚師會受到大眾喜愛，演藝圈知名老饕申東燁試吃各種美味（KBS《飯桌之神》）和 O 'live《今天吃什麼》會吸引觀眾，都是基於這樣的道理。

吃播秀的真實面：
以極端方式滿足欲望的情色表演

然而，吃播秀也具有情色元素。人類最原始內在的欲望被用 HD 畫面展現，讓他人欲望得到代理滿足。多角度的展示、魅力對象的特寫微笑等，都煽動著觀看者的欲望，而這些事實上全部都屬於情色的機制。

HD 畫質已是這個時代影視內容的基本配備，吃播秀裡的米飯，比實際的飯看起來更澄亮，肉也更添紅潤。播客如果和其他人用相同的方式拍吃播秀，已經無法在激烈競爭中獲勝，因此吃播秀中「分量」被無限增加。吃播秀中的飲食，「進化」成選擇更極端的飲食方式，這讓吃播秀和情

色有了共同點。面對這個事實，電視選擇了用較文雅的方式來詮釋吃播秀。

這樣的企劃，在 JTBC 電視台 2016 年推出的《能吃的少女們》節目顯露出問題點。製作團隊選擇這樣的節目名稱，給予每日要控管體重、三餐不定時的女偶像們放心吃東西的機會。但是於此同時，《能吃的少女們》的外景地周圍擠滿了觀眾，吃飯畫面透過 Naver V 網路頻道的 APP 現場直播，收看吃播秀的觀眾可以透過 APP 投票「誰吃得更有福相」。節目採淘汰制，得票數高的成員可以進入下一個階段，在 10 分鐘內要再次用餐。為了增加知名度的偶像成員，不管肚子餓或不餓，都要做出美味的反應。

此綜藝秀用超級特寫和慢動作播出食物進入偶像口中的畫面，一旁的主持人和來賓看著別人吃東西的樣子，似乎沒有存在的必要。從晚上 10 點到清晨 2 點的直播中，演出者不停地吃了又吃，炸醬麵的麵條明明糊成一團，也要演出像是吃到人間美味般的反應，而另一頭的攝影棚內，女藝人的大吃模樣得到無數男性觀眾愛戴。換句話說，觀眾看到的「美味、想吃就吃的幸福藝人」，在攝影機未拍攝的時刻，是一臉的痛苦表情。

若往消耗性方向詮釋
時代欲望，企劃本身容易動搖

　　女性藝人追求苗條，同時又會吃，展現這兩種相反模樣都是會了配合「我」（觀眾）的欲望。演出者放棄主體性，為了觀眾而行動，不正符合情色節目的定義嗎？就好像浪漫愛情電影中的床戲，若情緒和背景都消失，畫面中只強調視覺和聽覺的刺激，那就只能變成情色。料理節目和吃播秀，若是與食物相觀的情緒被替代，只是計較每個瞬間的吃相或是延續刺激感，就會突變成情色節目了。《能吃的少女們》一類的吃播秀因為呈現了過度情色，熱潮不復以往。

　　綜藝節目固然追求「忠實地代言大眾的欲望要求」，但不能只將欲望以刺激來滿足的理由就在這裡。不管大眾的欲望看似多麼懇切，如果企劃看到的本質只是簡單消耗後就會結束的事物，企劃會失去長遠的生命力。當然，吃播秀的熱潮減退，企劃上自然會有「需要加一點什麼」的想法，然而過度朝耗損方向詮釋的結果，只會刺激觀眾對題材本身的厭惡。或許你想要追求溫度，但觀眾並不是看到廚房起火還會歡呼的單純生物。

想要愛與被愛的欲望是跨時代的

可能會有人反問：那戀愛類綜藝的本質又是如何呢？MBC《我們結婚了》[6] 這類節目，不是和觀眾一起去思考實際婚姻生活會產生的具體問題，或是真正想要探討如何排解想婚人士的欲望。《我們結婚吧》企劃主打的觀眾層並不是想結婚卻結不了婚的族群，而是希望找回消失在婚姻生活中的浪漫的人。

找回被生活消耗的婚姻甜蜜
《我們結婚吧》的觀眾心理

有人主張《我們結婚吧》提供的幻想，會是 20、30 世代的人所需要的。想想如今的 20、30 世代，因為經濟情況造

---

[6] 以藝人的「假想結婚」為賣點的實境綜藝節目。

成戀愛或結婚無限延期,這個節目理當能成為同輩男女美好青春的代理滿足窗口。

然而實際上,節目的主要觀眾層是 10 世代後半到 30 世代前半,這群觀眾的收看模式也不是在消費幻想,而是看自己喜愛的藝人。嚴重入迷的觀眾甚至會有以下發言:「我喜歡的藝人和其他女藝人甜甜蜜蜜的模樣看起來很討厭,可是那是他的工作,我會哭著欣賞。」更專注於《我們結婚吧》提供的幻想本身的,反而 40、50 世代的觀眾,這個世代的人,結婚是家庭的結合或傳宗接代,他們在這種意識下採取婚姻行動,過程又遭遇了 IMF 經濟危機,不得不全力以赴克服。

不幸的是,對於韓國當前的 40、50 世代而言,「家人」不是浪漫的對象,而是分擔痛苦的共同體。他們從新婚開始,就面對 IMF 管理體制下的經濟環境,家庭自然而然不再是追求浪漫或快樂的共同體,而是幫助自己生存、讓下一個世代接棒的存在。家庭相關的所有大小事物,焦點都在於如何在經濟困境中生存下來。

像 20、30 世代那樣,熟悉並接受環境的兩極化,或是信仰著一種慢性的失敗主義,他們培養個人的生活口號,呼吸了太多在經濟現實下暫時實現的「打造我的家」的時代

空氣;而對於 60、70 世代而言,節目帶來「婚姻原來可以這樣」的自我安慰,已經到了不惑或知天命的年紀了,回頭看過去的歲月似乎過得太過抑鬱,然而家人也不是浪漫的對象,看起來比較像是生活中的戰友。

《我們結婚吧》的節目企劃從開始以來,就過濾掉了會伴隨婚姻生活而來的所有煩心因素,以新婚夫妻的美好甜蜜做為主力。節目希望打中的欲望,不是「我也想組織家庭」而是「我想再次重溫失去的新婚美夢」。暫時脫離真正的「婚姻」帶來的責任和沉重,鼓勵同輩享受幻想。《我們結婚吧》的企劃定位是:當愛情中的血糖值含量過低時,被緊急放入你口中的巧克力。

為了生存被迫具有的功能,
《和你在一起》[7] 幫中年人俐落刪除

JTBC《和你在一起》精確的瞄準婚姻的責任,並且更具體地進入。中年族群包括了離婚、失去另一半或還沒有結婚的人士,以「體驗再婚」概念播出的《和你在一起》,簡

---

[7] 《和你在一起》(님과함께) JTBC 於 2016 推出的綜藝節目,讓因為各種原因恢復單身或保持單身狀態的藝人體驗再婚生活。

單來說就是「中年版的《我們結婚吧》」。共同的負債、某方失業、創業失敗、對方的無禮家人、子女的教育、為了在首都圈購屋的淚水和掙扎等等，節目企劃俐落地刪掉以上無數已婚 40、50 世代在婚姻中經歷過的痛苦部分，只選擇拍攝二人一起接受健康檢查、見對方的朋友、一起約會等的悠閒浪漫景象。

節目推出初期，製作團隊雖然說過「在處理『再婚』家庭要經歷的現實問題這一點上，和《我們結婚吧》有明確的差異」，但是進入第二季後，節目的焦點從「再婚」轉移到「晚婚」，差異點便消失了。

在處理現實問題的第一季裡，著名場景之一便是演員李瑩河和籃球員朴贊淑最後用餐的畫面。妻子煮了牛尾湯，丈夫說「我不希望妳的誠心被胡椒蓋住，想要直接感受這份心意」於是直接喝了沒調味的湯。畫面外的對象，可能只會動筷子一點也不懂得感謝，還嫌這個太鹹、那個太淡。看著螢幕裡的李瑩河，中年夫妻可以重拾婚姻中的各種發現。

「啊，原來我們的年紀也有這種可能。」這樣的浪漫雖然微小，但是細膩的照顧、彼此的愛護、同行的伴侶等等 40、50 世代的婚姻生活中被刪除的部分，沒有被滿足的欲望就在其中。

企劃再進化，不同年齡層的不同生活選擇

　　SBS《燃燒的青春》的企劃更進一步地找出中年人士「交朋友」的價值。節目帶著一群單身中年男女藝人到郊外遊玩，度過愉快時光，每次挑選出魅力男和魅力女的《燃燒的青春》，表面上以喜劇演員金國振＆歌手姜修智、音樂家金道均＆演員樑錦錫爲代表的中年情侶的「曖昧」爲武器，更深入後會發現，這是讓因爲「忙著討生活而錯過快樂」的中年人士享受交友的節目。

　　「因爲節目錄影來過，但是不記得自己曾爲了遊玩來遊樂園」金道均和同年紀的友人一起搭乘遊樂設施，笑得像孩子一樣的模樣；睡眼惺忪的金元萱坐在前院的木床上聽金道均彈吉他的溫柔光景；沒有做飯對象卻開了餐廳的演員徐泰華，在準備海鮮大餐時，一旁喧鬧的朋友彼此餵食的景象。這些雖然不是什麼偉大的幻想，卻會讓觀看的人紅了眼眶。

　　換句話說，企劃的概念從看年輕人愛與被愛的欲望（《我們結婚吧》），到經歷再婚的欲望（《和你在一起》），發展成爲下定決心只想體驗異性友誼的欲望（《燃燒的青春》）。這些欲望看似簡單，卻是在求生存的過程中被優先順序排擠，

自然而然地被忽略或自行退化了。

　　與對的人共度愉快時光。這不是為了子女教育取得補習班資訊，或是為了取得股票情報的友誼，而是為了友誼本身存在的友誼。當然，這當中有像金國鎭、姜修智那樣，感受到細微「曖昧」氣息進而成為情侶的人，然而也有像演員金日宇那樣沒有伴侶的人。貫穿《和你在一起》、《燃燒的青春》的企劃核心不是曖昧、戀愛或再婚，而是不願被生存埋沒，享受彼此照顧下的「快樂」。

害怕感情消耗的情歌裡
蘊藏的年輕人自畫像

40、50 世代想找回被生活消耗掉的浪漫,這和真正想要談戀愛的年輕世代有所不同。今日的年輕世代,面對史上最糟的就業環境、資金負債狀況,加上看不到盡頭的證照競爭,已經消耗了他們全部的心思,沒有心思再經營戀愛。對於就算想戀愛也害怕付出感情的年輕世代,大眾文化便以其他方式逼近。雖然一樣是觸碰到愛與被愛的欲望,但企劃會依照目標層目前面臨的狀態來做出不同攻略。

「我穿了漫長冬季的厚重栗色大衣,躲在大衣裡,步伐踉蹌。」2014 年春天,男子團體 HIGH4 和 IU 合唱了〈除了春天,愛情和櫻花〉這樣描述離別心情的歌曲。胸口煩悶的心情,想過結婚然而一切都變成泡沫的悲慘吶喊,〈除了春天,愛情和櫻花〉以平淡的口吻描述。當然,現代不是

沒有深切的情歌,然而在〈除了春天,愛情和櫻花〉裡,因為悲傷哭泣的模樣有點丟臉,年輕人把悲傷埋進寬大的栗色大衣,假裝一切若無其事。

安全的情歌:
悲傷但不哭泣,誠懇但不形於色

在那之前,2014 年第一季最受歡迎的流行曲是〈曖昧〉。不是戀人也不是朋友的不明確關係,由昭宥和鄭基高用甜蜜的聲音唱出「像是我的卻不是我的,好像是屬於我的你」,新時代的情感在耳邊喃喃私語的瞬間,成為浪漫和愉快的象徵。20 年前的情歌,則是傾向訴說因為焦急而沒法承受的感情模樣,「比愛情遙遠,比友情接近,你對我的心意,我現在要離開,我開始討厭起,比世上任何人更珍惜你的我」(1992 年,Pinocchio,〈愛情與友情之間〉)。

豈止這樣。來看同年夏天,馬路上不時會入耳的 San E 和 Raina 的〈仲夏夜的甜蜜〉。「悶熱的夜晚睡不著的我」,因為「亂七八糟的想法」把老友叫出來,「沒想到他還真的出來」,歌詞在各種笑話或問候間展開對話,「妳知道我喜歡過妳嗎?and you said『I know』⋯⋯我好像喝醉,是我在胡言亂語,妳不要在意⋯⋯」老朋友變成戀人的過程,

20多年前則是這樣唱的：「在下雪的某個冬夜，我喝個爛醉哭泣。現在才瞭解，你的那份心意。當時什麼都不知道，笑著帶過」（李承煥 & 姜秀智，〈直到他們相愛〉）。

大眾文化需要瞭解年輕世代想要避開心痛感覺的孤獨感，從成為戀人的過程，到離別後撫慰悲傷的過程，所有企劃都要調整為在戀愛所有過程中「小心不要太深入感情」的方向。書店裡，自我開發相關的書籍區域裡滿是教導大眾如何管控感情的書籍，我們並不陌生。世上的道理大多在說戀愛和結婚太奢侈，有人奉勸放棄，有人說要控制在不受傷的安全範圍內小心面對，成了理所當然的結果。

九〇年代韓國的大眾文化喜歡訴說永遠的、激動式的戀愛；2010年代則將主力放在盡可能減少或避免戀愛中的情感消耗。歌曲中的眼淚、永遠、約定和吶喊消失了，大家自行判斷戀愛的下一步，無法下決定的人可以向綜藝節目討教。自然而然的，「愛是個悲劇，你不是我」（李素羅〈風在吹〉）這樣的淒絕歌曲也減少了。

定義目標族群的中心欲望，
盡量從他們的標準來看

離別不苦澀，而是甜蜜惆悵。今日的戀愛企劃以輕鬆的

筆調窺看對象內心，將戀愛中實際的痛苦部分俐落地收拾起來。這個新時代的情歌，成功地滿足了想避免心痛的年輕人的孤單。

當然，無法解讀這種時代動向的人，可能會批評這是「想要避開任何損害的取巧態度」。然而，企劃者想要正確地解讀時代的潮流，推出成功企劃，就不應該把年輕世代的欲望當作忠告或訓誡的對象，而是努力地和他們用相同的標準來觀看。

無論任何形式、種類的欲望，都無法恣意脫離當代的生活型態。重複了失望和期待、對話和妥協、適應和努力的戀愛，可能是和生活本身最為相像的事物。所以，2010年代的戀愛根據2010年代的生活如何，也只能展現出自己的樣貌。對於時代中的愛、希望和挑戰等，企劃者必須明確理解箇中涵義，隨著時代的變化，也有重新品味的必要，否則便會誤判趨勢。

在今日，相同的欲望每個世代都會用不同的方式表現。只有可以重新定義「欲望」的人，才不會被自己的思考與概念困住。

3

欲望朝向哪裡？
韓國永遠的趨勢：復古

我的兒時記憶裡有個畫面很鮮明。小學一年級時，我和朋友在教室外的走廊上聊天，現在回想起來還是覺得不可思議，在休息時間上廁所回來的路上，八歲的我用極為疲憊的語氣說道：「還是幼稚園舒服，上課時間可以去上廁所，地方小小的很好走。小學裡頭都好複雜又混亂。」才八歲的孩子，想著要回去過去，對於幼稚園生活就是全部人生的少年而言，從幼稚園升上小學的過程本身就帶有龐大的壓力，這讓人不由得笑了出來。人心是狡猾的，在今日感到不安時，我們會回顧過去來代替對明日的期望。

明日的展望是需要賭博的、不安的，反之，對於過去的

回顧可以選擇性挑選喜愛的時期。許許多多的已婚中年人會說「我在你們這個年紀的時候啊……」，人人想回顧自己的 20 幾歲，想從責任中解放回到單身時期。甚至連八歲的我也會緬懷過去。美化記憶、刻意省略，我們將過去想像成理想的模樣，用模糊的記憶撫慰不安的今日。沒有比記憶更廉價又安全的娛樂。

這種過去指向型的思考，意味著一個時代大部分的人對於當代感到不安，對未來的社會展望也不明確。本章會繼續討論韓國大眾文化中不斷被推出、被消費的「復古」概念與過程。從 1990 年代看到 2010 年代的一連串動向，一起來看 MBC《無限挑戰》〈星期六星期六是歌手〉和 tvN《請回答》系列中，韓國大眾文化的企劃者如何撫慰當代的不安，召喚過去。

平息不安年代的復古企劃

　　是從什麼時候開始，1990 年代成為韓國復古文化的召喚對象了呢？仔細追究的話，可以回溯到 SBS Love FM 推出混編 1990 年代歌曲並播放的節目《和 DJ Chully 一起加油加油》，然而決定性的時刻是在弘大附近的俱樂部「夜晚和音樂之間」2 號店開幕的 2008 年。如果說《和 DJ Chully 一起加油加油》以大眾交通工具搭乘者為主要收聽對象，透過廣播節目確認了復古的潛在市場，那麼「夜晚和音樂之間」2 號店內發生的景象，可以說成了（企劃者）確認回憶 1990 年代的族群比想像中擴得更廣的契機。

　　要是看到「回想過去還嫌太早」的 30、40 世代，聚在一起在風靡過去的 DEUX、Cool、劉承俊的 1990 年代流行音樂背景聲中群起跳舞的景象，也許你也會得到靈感。tvN《請回答》系列的申元浩製作人，便是到「夜晚和音樂之間」

喝酒時得到企劃此系列連續劇的靈感。而MBC《無限挑戰》自2014年底推出的〈星期六星期六是歌手〉的企劃，也脫離不了「夜晚和音樂之間」的影響。

雖然復古商品本身就有可能性，然而大多數人並沒有預料到1990年代會成為正式的回憶對象。歷史以10年為一週期來區分，而1990年代和之前年代的不同處，在於韓國大眾文化在那時經歷了體質變化。音樂界有尹尙、申海澈、李承桓、徐太志、李賢道、鄭碩元、尹鍾信、金東律、李笛、張弼順、李素羅等新世代藝術家登場，展現出前所未見的寬廣音樂世界，以H.O.T.起頭的K-POP偶像全面性地進入大眾音樂。在那之前，歌曲以歌謠為主流，或是至少是對分天下的音樂版圖，完全開始以年輕世代的取向占領音樂世界也是發生在1990年代。

電影或電視也是一樣。電影界有《魚》、《傷心街角戀人》等揭開了新世代韓國電影的序幕，電視圈出現了金永熙製作人、盧熙京編劇、宋智娜編劇等。金國振、申東燁、姜鎬童等新時代的藝人登場，喜劇演員開始成為專業主持人，也是在1990年代。

不是回顧（1990 年代的）文化，是回顧安定感

1990 年代是韓國完成新時代影視的十年。影視產業裡的偶像形態、饒舌音樂、以舞蹈為中心的歌謠節目，或是申東燁等人晉級為專業主持人的地位等，都是這十年裡的產物。回歸 1990 年代復古商品，可以說是以對現在的疲憊與厭惡為基礎。

過去 20 年來，韓國金融市場開放，穩定薪資等級崩壞，引進了無限的競爭體制。因醫學的發展，30、40 世代不再被視為中年，而是青年，然而他們卻無法像前輩那樣，享受自己的「全盛時期」，在極度疲憊下懷著對未來的恐懼生活著。在心理或經濟上，他們是生活在富足的 1990 年代的安定感徹底瓦解下的世代，也就是說，他們感受到鄉愁不是 1990 年代的文化內容本身，而是 1990 年代的生活方式。大眾文化的企劃者聰明地捕捉到這一點，不只是單純進入 1990 年代的大眾文化，也在強調「現在」有多疲憊。

來看 2012 年的賣座電影《建築學概論》。故事中從事建築設計的勝民（嚴泰雄飾）的今天永遠是疲憊的。薪水相對少得可憐，下班時間不確定，為了配合建築業主的喜好，

重複著在建築師事務所熬夜的日子。對於在韓國看不到未來的 36 歲的他而言，明天的計畫是和年輕富有的戀人（高準熹飾）結婚移居美國。設計委託的案主瑞英（韓佳人飾），她的今天也一樣淒涼，主播夢從很久以前就消失了，沒有愛情的結婚最後以離婚收場，現在要帶著生病的父親回到濟州島養病。她有要扶養的父親，也有因離婚得到巨額贍養費的過去。在前往濟州島的路上，像是在各自競爭不幸的兩個人，最後亮出底牌。「我一輩子都在照顧母親。房租、生活費、餐費，妳又懂什麼？」透過主角的台詞，我們理解韓國人今日要承受的生活多麼淒涼。

因此，他們選擇回顧 1996 年，那個還存在許多可能性的樂觀時代。以奔騰電腦、BB Call、Sony CD 播放器，還有 Guess T 恤、Sonata II 等為代表的消費主義綻放的年代。

人生中最大的煩惱是我喜歡的人是否喜歡我，這些就是全部。回顧，不是為了讓心情愉快，而是和不安的今日對照。如果過去做出其他選擇，現在是否會過上不同的今天？因此我們才想到回到過去。當然，《建築學概論》的故事中主角太過稚嫩因此誤解了對方。美好的過去，是疲憊今天的相對存在，所以人人願意回顧。

若是純粹重現 1990 年代，
企劃的生命週期會急速縮短

　　企劃復古的人注意到這一點。《無限挑戰》的製作單位召集了 1990 年代的歌手製作〈星期六星期六是歌手〉特輯，努力抹去今日的痕跡。從舞台布置、運鏡拍攝、字幕風格到歌手服裝等，〈星期六星期六是歌手〉都徹底考證了 1990 年代，然而卻絕口不提是拷貝 1990 年代的哪個時期？1990 年代留給了我們什麼？當年的歌手為什麼會離開舞台？

　　當然，企劃中有很早進入家庭、決定專心育兒而離開舞台的 S.E.S. 的 Shoo，或是和經紀公司不合的 Turbo 裡的金正男，雖然消費的是個人私生活層面上的故事，卻未說明之後 10 年間音樂市場的起落和產業的高度發展，無法適應流行音樂市場改變的他們，如何急速自大眾面前消失的過程。〈星期六星期六是歌手〉因為掌握到搭「時光機」回到 1990 年代的快感，與當年的狂熱，而得到好評。

　　前面我們談過吃播秀、銀髮綜藝等素材消耗壽命的過程。復古概念的娛樂或綜藝秀也是如此，如果省略了現在的立場或是觀看過去的觀點，只是在表面消費過去，那麼只會縮短壽命。「在星星發光的夜晚裡」、「每天的夜晚」等復

古風潮的夜店誕生後吸引爆炸性的人氣，但如今「夜晚和音樂之間」的成長大不如前。這是重現或創造出回憶的其他價值的失敗結果。這類夜店爲了節稅不登記爲娛樂設施，登記成一般餐廳，之後才被追加課稅，例如建大（建國大學）店被增收了 4 億 4 千萬韓圜，弘大（弘益大學）入口店則是 3 千萬韓圜的稅金。

演出〈星期六星期六是歌手〉的歌手的情況也差不多。雖然有不少團體憑此節目的人氣重新展開活動，開始爲長期的回歸做準備，但是只有能在新時代展現新面貌的女歌手嚴正化或是 S.E.S. 得到成功評價。單純地反覆咀嚼回憶，重現過去模樣或水準的人，只能止於單次性的活躍。

當代人不安的心理反映在銷售數字上卻很穩定，瞄準 90 年代可說是充滿潛力的企劃。然而就像《建築學概論》的主軸，過去和現在相互對話才完成意義，如果不能像嚴正化或 S.E.S. 那樣，展現出往前邁進的模樣，1990 年代的素材也會枯竭用盡。有別於吃播秀這種撫慰「獨自吃飯很孤單」的欲望，或是育兒綜藝啓動的「想在螢幕上看到亮麗育兒畫面」的欲望，撫慰現代的不安的復古欲望，如同銀髮綜藝一樣觸動整個世代，企劃以現實中的整體痛苦爲對象，必須更小心地逼近本質。

企劃不是榨乾年代而是去理解時代

　　tvN《請回答1988》（2015年播出）還在企畫階段就出現類似的隱憂。想說出長輩的青春故事，這和tvN的主要觀眾層20、30世代有些時代距離。申元浩製作人也有此考量，然而正式播放前的特輯的收視率比想像中來得高，製作人說「那我們就安靜地等它搞砸吧」，畢竟連續三支全壘打實在是不可能的任務。此系列由李祐汀編劇和申元浩製作人合作，《請回答1988》與前作《請回答1997》（2012年播出）、《請回答1994》（2013年播出）不同，將回顧時代再往前提，目標觀眾的年齡層再往上拉高為1971年後出生的觀眾。再加上，前兩部作品已經連續呈現以微推理展開劇情的公式，並以《我愛芳鄰》、《H2好逑雙物語》等安達充作品中青梅竹馬式的愛情為核心，《請回答1988》還能以什麼方式向觀眾招手呢？

以嚴謹考證的生活史來重現時代氛圍

《請回答》系列呼喚的記憶，透過縝密的時代考證和復原來執行。例如，《請回答 1997》中爲了預定 H.O.T. 門票在釜山第一銀行前排隊的少女粉絲隊伍、透過 BB Call 的語音信箱傳達心意的高中生都被用來展現當時的生活感。劇組花更多的心思在呈現細微的生活面貌，來代替 IMF 金融危機或其他政治案件等社會議題，再現時代氛圍。選擇在歷史性議題面前抽身，是《請回答》系列受到的主要批判，然而從眞實生活的標準來仔細復原平民的生活史，讓此連續劇自然而然地擁有了想要的時代氛圍效果。

《請回答 1988》也採取相同的策略。不談論具體的經濟指標，而是用 200 韓圓的冰淇淋「很貴」來論及物價，一起坐在家門前平床上摘豆芽菜的社區主婦們的聊天場景，呈現了村鄰共同體崩壞前的韓國時代氛圍。

中產階層的急速上升，貧富差距正式產生的時代風景，用逃犯池康憲留下的「有錢無罪，無錢有罪」的發言，也透過沒有餘力購買「my my」卡式隨身聽的女主角德善（惠利飾）的家境與苦惱來呈現。威權主義政府的暴力，則以 1988 年首爾奧林匹克的準備過程中的故事來呈現，但故事

不去觸及國家拆遷民居的暴力，而是透過參與學生運動的姊姊寶拉（柳惠英飾）的行徑來隱喻。

為了《請回答 1997》而狂熱的世代，或是看到《請回答 1994》覺得就是在說自己的故事的人，《請回答 1988》對他們來說屬於幼年期的記憶。把電視念成「테레비」的時代感覺[8]、要帶尺去玩才能破關的電動遊戲間、晚上六點一到街道上媽媽們一片「回家吃飯了」的叫喚聲，就如轉動電話盤才能打電話的舊式電話一樣，劇情充滿了 80 年代出生者的幼年生活元素，因此依然具有吸引力。

從「青春劇」到「家庭連續劇」，配合目標階層變更體裁

《請回答 1988》創下有線電視有史以來最高的 19.6％收視率，以及 10 世代到 40 世代的女性收看率達 20％以上的紀錄。如果只是貼近生活不可能有如此佳績，該劇與系列前作相比，還加入了不同元素。

首先是從青春劇轉變成家庭連續劇的體裁轉變。這是《請

8　電視原本的寫法為테레비전（television 的韓文發音），當年以去掉字尾的方式簡單念出此外來語。

回答1988》劇組考慮到劇中主角今日屬於40世代（甚至在那之上）後的改變。播出前，許多人認為45歲左右的族群並不是tvN的主力觀眾層，很難有前作票房，然而結果說明大家小看了40世代的憂慮力量。40世代，在20多年前是看著MBC的《忌妒》（1992）長大的一群人，10年後MBC《我的名字叫金三順》（2006）登場，他們是會為了「我的故事」狂熱的世代。《請回答1988》在熟悉《請回答1997》、《請回答1994》故事的20、30世代的觀眾層之上，吸收了握有客廳遙控器控制權的40世代，得到壓倒性的廣大觀眾層。

製作團隊的前作《請回答1997》和《請回答1994》將焦點放在主角上，《請回答1988》則以更強化的家庭連續劇特性一決勝負。實際上，體裁從青春劇轉變為家庭連續劇，父母世代的故事比重比前作增加許多。擔心孩子教育和生計的一花（李一花飾）和東日（成東日飾）的煩惱是《請回答》系列中不可或缺的主題，而《請回答1988》中再加上畝誠（崔畝誠飾）和善映（金善映飾）的中年愛情橋段，還有美蘭（羅美蘭飾）和成均（金成均飾）的夫婦相處問題，更深入地探討40、50世代的生活。因奧運彩券一夜暴富的

正煥（柳俊烈飾）家，和因做保人失敗一家住在半地下房屋的德善家，《請回答1988》分屬不同經濟能力的家庭，同時展現了當時最先端的家庭攝影機和逐漸消失的石油爐等生活面貌。

劇中正煥穿著「飛人喬登」的最新款球鞋，但一家人其實並不適應一夕致富的有錢人生活，因此正煥的母親美蘭會「模仿」有錢人的生活，把義大利麵稱為「美國麵」，將煮好的義大利麵放入銅盆內用手來和醬料。劇中描繪了西方新奇事物和韓國傳統微妙同居的時代，也增加了父母世代的故事來貫穿年代。今日我們回家，是刷卡進出有保全的大樓，然而在《請回答1988》中，回家的餐桌上（無法配合人數）端出的是整疊「煎荷包蛋」，下班路上會買回「烤全雞」和街坊鄰居一起享用。此劇開創了吸引父母世代的家庭連續劇體裁，因此才發光發熱。

劇中的子女也是今日的父母，
讓觀眾自我投射在不同世代的角色

《請回答1988》成功地讓觀眾自然回顧27年前的世代情緒。《請回答1988》中父母世代的經歷，對於和德善同年紀的觀眾（當時為高中生的40世代）而言，不純粹只是回

顧父母的回憶，許多內容和目前自己的經歷沒有太大差別。在傳統家庭模型加速解體的今天，劇情撫慰了今日的40世代，他們身為父母，面臨孩子的教育、健康問題，維繫一個家的困難和中年危機，也想尋找自我。

和孩子們一起坐在電視機前，以《請回答1988》世代連續劇為媒介，父母向孩子們分享自己的青春，同時也想起自己的父母。他們透過《請回答1988》回顧自己的幼年期，同時也從劇中描述的父母時代的樣貌中，投射自我，並得到安慰。《請回答1988》播出時的文宣上寫著「我最終的摯愛，是家人」，製作團隊找到了「對家人負責」的核心價值，呼喚了不同的世代。

當然。不只40、50世代，60、70世代的父母也在劇中再次與自己的年輕日子相遇。韓國60、70世代偏好收看無線電視台的清晨劇和晚上的每日連續劇，而《請回答1988》中有他們喜愛的家庭連續劇結構，又描繪了自己的全盛時期，因此對此劇有不亞於40世代的忠誠度。父母世代的比重增加，再透過劇中老么珍珠（未上小學）刺激了1980年代出生的世代的記憶，《請回答1988》確保了系列作中最寬廣的觀眾層。

透過過去，呈現今日的理想共同體

《請回答1988》的另一個武器，是用想像去復原一種共同體。系列作中永遠會有一對夫妻和孩子、朋友組成的大家庭，然而《請回答1988》將這個共同體發展至村鄰。劇情以高度發展的1988年的首爾為背景，也同時架構了連別人家的筷子有幾雙都知道的「雙門洞」的街道空間。

《請回答1997》的背景是釜山市，《請回答1994》的背景讓人想起首爾新村鬧區，《請回答1988》則以鳳凰堂小巷呈現1988年的首爾，是讓大家更容易想像並注入感情的理想空間。然而實際上，製作團隊也承認劇中的鳳凰堂小巷比當時的時代樣貌更落後，因此正確地說，《請回答1988》所追求的，不是時代上的復古，而是在人情淡薄的現代社會對照下，我們對於理想時間、空間的憧憬。

這個空間裡，鄰居們瞭解彼此的狀況，能為彼此分憂解勞，互相照顧。裡頭有以東日和一花代言的「男主外女主內」家庭，也有雙薪家庭，而編劇並沒有將無暇照顧東龍（李東輝飾）的東龍母親（劉智秀飾）描繪為壞媽媽，而是借她的口說出時代女性「想用自己的名字而不只是『某某人的母親』這樣的身分活著」的欲望。暴發戶的代表美蘭，

不過分誇耀自己的財富,用自己的能力盡力照顧朋友,同巷子的姊妹一花和善映在她的照顧下,不會喪氣或自覺卑屈。雙門洞是能笑著生活的小社會。

然而,一味美化過去,也是某種程度的退步。我們在呈現復古內容時,對於過去與現在的相互作用,必須小心翼翼地逼近,在這方面《請回答1988》多少有點爭議。不過,解析過去的觀點明確,也朝向今時今日發言,《請回答1988》順利復原了被認為最難描寫的80年代。

三次成功的時空旅行,要歸功於編劇不是偷懶地重複過去的企劃、將復古題材用到爛,而是謹慎地以不同面向切入,用細膩的手法不斷賦予企劃新的生命力。

後記

海浪來了也帶不走的城堡——
留下企劃核心

寫書什麼最困難？對我來說，面對一切快速變化的這一點最困難。當然，世上沒有什麼事物能永恆不變，今天的綜藝潮流可能已經與昨天不一樣，又有什麼東西能永遠停在原地呢？

過去幾年，正好是韓國社會的長期病徵浮上檯面的時期。綜藝節目的觀眾和製作者都切身感受到時代的變化、要求，與包容。清一色男藝人的綜藝節目不再無條件受青睞，清一色女藝人的 KBS《姐姐們的 Slam Dunk》、播客形式的《保障祕密》等節目出現，並受到矚目。由劉在錫和姜鎬童擔任主持，曾經是綜藝節目無往不利的成功元素，如今也面臨考驗。大家都在用自己的方法嘗試突破。

不只是「人」在變，綜藝節目的「格式」也在變化。韓國電視廣播開播 60 年後，觀眾覺得網路節目比電視節目更親近的時代終於登場。

大眾透過 YouTube、AfreecaTV、Daum TVpot 等頻道，可以享受和主持人或大眾即時溝通的趣味，對年輕人而言，電視是單向的，它的呼吸過於緩慢。一開始可能只是因為興趣、好玩開始一切的網路節目主播（播客），在不知不覺間成長為業界的大人物。網路的元素反過來流向電視，年輕世代覺得網路比電視親近已成定局。

　　於是，有了 MBC 的《My Little Television》，電視綜藝乾脆開始積極挪用網路娛樂的文化與語法。網路媒體曾經從模仿電視起步，如今情況卻顛倒，網路成了電視台模仿與跟隨的對象。電視綜藝以前只單純借用網路上的流行語或影像，如今跨平台的界限模糊。綜藝形式的變化之大，今昔不可同日而語。

　　人變了、格式變了，接著登場的是「議題」。電視內容在女性、政治、外國人、性少數群體等議題上陸續拋出時代

的疑問。不僅如此,「傳播環境」的變化更是驚人。中國市場對於韓國的影視內容製作者而言,已被視爲黃金大地,但他同時也是能在瞬間實施進口配額制,或是增強事前審查的國家,兩國的共同製作如今也有了諸多限制。

KBS《太陽的後裔》的票房成爲成功戲劇的製作標靶,正當業界人人都以爲「完全的事前製作」將是日後戲劇製作的標準答案時,因爲薩德導彈等政治因素,中國發布了限韓令,完全事前製作的興奮浪潮像謊言般迅速消失。這種時候,就是電視節目的企劃者該絞盡腦汁、思考如何迎接新時代的時刻了。本書正是在這樣的背景下寫成,在一切都在激變的時期,寫下過去案例知識的人,是否可能懷著確信來談論一切呢?

想要推出企劃偷走大眾的心,終歸還是要先挖出大眾心中的欲望。文中也提到,韓國自 1990 年代後經歷了長期不

景氣，影視文化不斷消費「懷舊」內容；獨自吃飯、獨自生活的人越來越多，所以大眾開始看「吃播秀」、「料理節目」；經濟情況無法生養孩子的拋世代[1]登場，於是「育兒節目」受到青睞。

讀取大眾的欲望（缺乏的事物），然後企劃為商品，這個過程與解讀時代並無二致，然而在政治或經濟環境都在劇烈變化的時期，談論企劃確實是沉重的。企劃者的無奈，就像是明明看到波浪打過來，依然選擇在沙邊繼續蓋城堡一般。時代的巨浪席捲而來、離開，今日為止累積的城堡便毫無痕跡地消失。談論企劃的書籍，必須要能提出可戰勝時間、留下核心的企劃方法。

1　2011 年，韓國新聞節目創造的流行語，形容對於「戀愛、結婚、育子」感到卻步，甚至放棄的年輕人，又有「三拋世代」之稱。

為了完成足以抵擋浪潮的城堡，本書選擇的案例，以不盲從時代潮流，或至今屹立不搖的節目或品牌的故事為主。過去成功的策略要故技重施時，要注意什麼？要用什麼方式才能從失敗的企劃中學習，得到未來的成功？只留下本質的減法企劃的優點是什麼？要將弱點包裝為優點，又該怎麼做？簡單說來，就是不要只把節目的此時此刻當作分析對象，而是觀察觀眾與節目一起經歷過的旅程，深入動向的核心。

　電視節目總是快速地反覆新增又停播，書中提及的範例10年後是否還有效，老實說我自己也不大確定。然而，組成企劃的基本與中心原理，不會隨時間流逝有太大的改變或是動搖。

　本書的讀者應該會發現，劉在錫與MBC《無限挑戰》一起走過的路，是我最執著的題目。這不是因為我是劉在錫

或《無限挑戰》的元年粉絲，原因除了他本人克服失敗的旅程相當戲劇化，《無限挑戰》成員總是在面對相同環境、徘徊在相同失敗下時，即使沒有得到任何的具體指示，仍不斷地嘗試新挑戰。看到這樣的他們，我們或許也能想出更具體的、突破性的企劃。今日的苦難是明日的導師，能教我們如何得到「更好的失敗」的老師，確實難能可貴。

混雜了私人故事有點不好意思。我自己在大學四次落榜後，放棄了從小的長久夢想，第一份工作撐不到九個月，很早就憑一股衝勁開始工作，大學畢業的日子遙遙無期。天性憂鬱的我，每次回頭看，都無法面對這段與失敗為伍的歲月。幸運的是，身邊有一些即使我搞砸了也會跟我說沒關係的人。從失敗中學習就好，如果今天很困難，那麼就企劃出更好的明天。我無法判斷文中的內容將來是否會化為一些新企劃、被確實執行，這個判斷就交給各位讀者。

寫文章時，一人無法縱觀大局，需要能給予你幫助的人。共享大眾文化消費觀察、協助我瞄準時代方向的記者同伴，我最和藹可親的後輩（同時也是指出我文章盲點的冷靜批判者）網路新聞《Oh My Star》的柳志英記者，還有過去十年來與我一起思考的原始讀者，和我一起規劃更遠大版圖的柳敏智同志，我要向你們獻上感謝。

　這樣看來，本書中沒說出的企劃的最後祕密就在這裡：讓你最信賴的同志，幫你一起冷靜地檢證企劃。

國家圖書館出版品預行編目資料

讀取時代欲望的企劃力：韓國娛樂產業的企劃術與說服技巧 / 李昇翰作；張琪惠譯. -- 初版. -- 新北市：不二家出版：遠足文化發行, 2017.10
　　面；　公分
ISBN 978-986-95342-1-5(平裝)

1.影視企劃 2.娛樂業 3.韓國

557.776　　　　　　　　　　　　　　　　　　　　　　　106015593

讀取時代欲望的企劃力
韓國娛樂產業的企劃術與說服技巧

作者 李昇翰（이승한）｜**譯者** 張琪惠｜**編輯協力** 林婉君、吳詩芸｜**責任編輯** 周天韻｜**封面設計** 徐睿紳｜**內頁排版** 唐大為｜**行銷企畫** 陳詩韻｜**校對** 魏秋綢｜**總編輯** 賴淑玲｜**社長** 郭重興｜**發行人兼出版總監** 曾大福｜**出版者** 不二家出版｜**發行** 遠足文化事業股份有限公司 231 新北市新店區民權路108-2號9樓 電話 (02)2218-1417 傳真 (02)8667-1851 劃撥帳號 19504465 戶名 遠足文化事業有限公司｜**印製** 成陽印刷股份有限公司 電話 (02)2265-1491｜**法律顧問** 華洋國際專利商標事務所 蘇文生律師｜定價 320元｜初版一刷 2017年10月｜**有著作權・侵犯必究**

예능, 유혹의 기술 by 이승한
Copyright © 2017 by Paperroad
Through Shinwon Agency Co., Seoul
Traditional Chinese translation rights ©2017 by Walkers Cultural Enterprise Ltd.
—本書如有缺頁、破損、裝訂錯誤，請寄回更換—